新・歴史人物伝

勝海舟

著◎小沢章友
絵◎田伊りょうき

「来《き》たぞ」

安政《あんせい》四年《ねん》（一八五七年《ねん》）の夏《なつ》だった。海舟《かいしゅう》たちが待《ま》ちに待《ま》った軍艦《ぐんかん》、
咸臨丸《かんりんまる》がオランダから長崎《ながさき》にやって来《き》た。

「日本《にほん》の軍艦《ぐんかん》、第一号《だいいちごう》だぜ」

海舟《かいしゅう》は手《て》を打《う》って、よろこんだ。

「われらの軍艦《ぐんかん》、咸臨丸《かんりんまる》だ」

本文88ページより

日本にやってきた咸臨丸は
長崎海軍伝習所の練習艦になる。
CGイラスト 成瀬京司

日本中《にほんじゅう》の勝《かつ》 海舟《かいしゅう》を訪《たず》ねよう!!

長崎県《ながさきけん》 海軍伝習所跡《かいぐんでんしゅうじょあと》

幕府《ばくふ》の海軍《かいぐん》を強化《きょうか》するために設立《せつりつ》され、勝海舟《かつかいしゅう》はその1期生《きせい》でした。跡地《あとち》は長崎《ながさき》県庁《けんちょう》になっています。

東京都《とうきょうと》 勝海舟生家跡《かつかいしゅうせいかあと》

勝海舟《かつかいしゅう》は本所《ほんじょ》にあった父《ちち》親《おや》の実家《じっか》で生《う》まれました。跡地《あとち》の両国公園《りょうごくこうえん》に記念碑《きねんひ》が建《た》っています。

東京都《とうきょうと》 勝海舟《かつかいしゅう》、坂本龍馬《さかもとりょうま》師弟像《していぞう》

勝海舟《かつかいしゅう》の屋敷跡《やしきあと》に建《た》てられた像《ぞう》。龍馬《りょうま》といっしょというのは珍《めずら》しい。

東京都《とうきょうと》 薩摩藩邸跡《さつまはんていあと》

現在《げんざい》の田町《たまち》にあった薩摩藩邸《さつまはんてい》で西郷《さいごう》・勝《かつ》による江戸開城《えどかいじょう》の交渉《こうしょう》がおこなわれました。

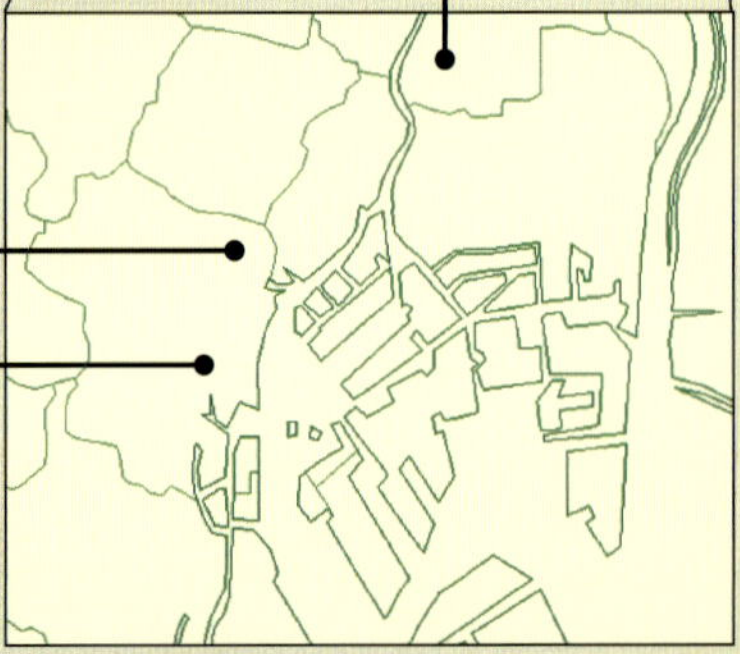

新・歴史人物伝

『勝海舟』

もくじ

一　麒麟《きりん》の子《こ》

文政六年《ぶんせいねん》（一八二三年《ねん》）、一月三十日《がつにち》のことだった。

江戸本所《えどほんじょ》の亀沢町《かめざわちょう》で、ひとりの赤子《あかご》が、元気《げんき》な声《こえ》をあげて生《う》まれた。のちに、江戸幕府《えどばくふ》の陸軍総裁《りくぐんそうさい》として、官軍《かんぐん》の参謀《さんぼう》である西郷隆盛《さいごうたかもり》と話《はな》しあい、「江戸城《えどじょう》の無血開城《むけつかいじょう》」を実現《じつげん》させた、勝海舟《かつかいしゅう》である。


赤子《あかご》の父《ちち》である勝小吉《かつこきち》は、江戸幕府《えどばくふ》につかえる、禄高《ろくだか》四十石《こく》の武士《ぶし》だった。

幕府《ばくふ》につかえる武士《ぶし》は、二百石以上《こくいじょう》が、「旗本《はたもと》」と呼《よ》ばれ、それ以下《いか》は「御家人《ごけにん》」と呼《よ》ばれていた。旗本《はたもと》は、将軍《しょうぐん》にお目見《めみ》えすることができたが、御家人《ごけにん》の小吉《こきち》は、将軍《しょうぐん》にお目《め》見《み》えすることはできなかった。

小吉《こきち》は、小普請組《こぶしんぐみ》という仕事《しごと》をあたえられていたが、身分《みぶん》は低《ひく》く、ごくたまに、お城《しろ》の土塀《どべい》のくずれをなおすのを手伝《てつだ》わされるくらいで、ほとんど役目《やくめ》がないのにひとしかった。

「幕府《ばくふ》も、おろかなもんだぜ。おれのように有能《ゆうのう》な侍《さむらい》に、たいした役目《やくめ》もあたえず、ぶらぶらさせておくなんて、もったいねえやな」

幕府《ばくふ》での出世《しゅっせ》がまったく望《のぞ》めない小吉《こきち》は、なかばくやしまぎれに、日《ひ》ごろから、そう、うそぶいていた。

小吉《こきち》は、剣術《けんじゅつ》にすぐれ、腕《うで》っぷしが強《つよ》かった。そのうえ、弱《よわ》いものや貧《まず》しいものをたすけずにはいられない、こきみのよい気《き》っぷだった。そのため、小吉《こきち》は、町中《まちじゅう》の者《もの》たちに、「勝先生《かつせんせい》、先生《せんせい》」と、たよられていた。


「おうい、みんな。勝先生《かつせんせい》の家《いえ》で、男《おとこ》の子《こ》がお生《う》まれになったぞ」

「そうか。そいつはめでてえな」

町《まち》の者《もの》たちは、赤子《あかご》の誕生《たんじょう》を聞《き》きつけると、お守《まも》り、おしめ用《よう》の布切《ぬのき》れ、赤飯《せきはん》、甘酒《あまざけ》、まんじゅう、ほし魚《うお》、赤《あか》かぶ、など、祝《いわ》いの品《しな》をめいめい持《も》ち寄《よ》って、おおぜい、勝家《かっけ》にかけつけてきた。

「めっぽう、元気《げんき》のいい男《おとこ》のお子《こ》じゃ、ござんせんか、勝先生《かっせんせい》」

火消《ひけ》し組《ぐみ》の新八《しんぱち》が言《い》うと、魚売《さかなう》りの五助《ごすけ》がたずねた。

「勝先生《かつせんせい》、お子《こ》の名《な》は、なんといわれるのでございますか？」

小吉《こきち》は、胸《むね》をはって、

「おう、よくぞ聞《き》いてくれたな。この子《こ》の名《な》は、麟太郎《りんたろう》だ」

「りんたろう、どのでございますか？」

五助《ごすけ》に言《い》われ、小吉《こきち》はうなずき、

「うむ。おれは、前《まえ》から名《な》を決《き》めていたんだ。生《う》まれてくる子《こ》は、きっと、麒麟児《きりんじ》になる、ってな」

「勝先生《かっせんせい》、きりんじ、ってえのは、どういう意味《いみ》なんですか」

ねじり鉢巻《はちまき》をした大工《だいく》の十蔵《じゅうぞう》が、たずねた。

「おう、麒麟児《きりんじ》という名《な》の、その意味《いみ》はな……」

小吉《こきち》は、みなの顔《かお》を、ぐるりとみまわした。

「麒麟《きりん》の子《こ》という意味《いみ》さ。昔《むかし》から、中国《ちゅうごく》では、聖人《せいじん》が出《で》て、国《くに》が治《おさ》まると、麒麟《きりん》があらわれるといわれている。この子《こ》はな、将来《しょうらい》、きっと大物《おおもの》になるぜ。うん、まちがいねえ」

小吉《こきち》の手《て》ばなしの赤子自慢《あかごじまん》に、母《はは》のお信《のぶ》はくすくすと笑《わら》った。

「まあ、そんなことを言《い》って」

町《まち》の者《もの》たちも、手《て》を打《う》って、大笑《おおわら》いした。

「いいか、みんな。よっく聞《き》きなよ」

新八《しんぱち》が大《おお》きな声《こえ》で言《い》った。

「勝先生《かつせんせい》のお子《こ》は、麟太郎《りんたろう》さまだぞ。いいか、麟太郎《りんたろう》さまはな、ゆくすえ、てえしたお方《かた》になられるんだぞ。まちげえねえんだぞ」


禄高《ろくだか》がすくないため、勝家《かつけ》の暮《く》らしは、楽《らく》ではなかった。

小吉《こきち》のような貧《まず》しい御家人《ごけにん》は、日々《ひび》の暮《く》らしをたすけるために、傘張《かさは》りとか、げたの歯《は》入《い》れとか、扇子作《せんすづく》りとか、さまざまな内職《ないしょく》をしていたが、小吉《こきち》は、頭《あたま》っから、そういう仕《し》事《ごと》をきらっていた。

「おれは、天下《てんか》の御家人《ごけにん》だぞ。しんきくさい内職《ないしょく》なんぞ、できるもんか」

小吉《こきち》はそう言《い》って、からいばりをしていたが、町《まち》の者《もの》たちから、

「勝先生《かつせんせい》、たのみます」

と、たすけを求《もと》められると、けっしてことわらなかった。

「なにい、また、火消《ひけ》しの『ろ組《ぐみ》』と、『へ組《ぐみ》』とが、けんかをはじめたって？　ちっ、しょうがねえ、やつらだな。ようし、おれにまかせときな」

そう言《い》って、けんかの仲立《なかだ》ちをしたり、

「なにい、祭《まつ》りで、酒《さけ》に酔《よ》って暴《あば》れているやつがいるって？　とんでもねえやつだな。ようし、おれがとっちめてやろう」

と言《い》って、暴《あば》れる者《もの》をとりおさえたりして、小吉《こきち》は謝礼《しゃれい》をかせいでいたのだ。

なかでも、小吉《こきち》が力《ちから》を発揮《はっき》したのは、刀剣《とうけん》のめききだった。道具屋《どうぐや》にたのまれ、せり市《いち》で、その刀《かたな》がどのくらいの価値《かち》があるかをめきして、手数料《てすうりょう》をかせいだのだ。

「ふうむ、こいつは、二両《りょう》三分《ぶ》ってところだな」

「こいつは、なまくらだから、一分《ぶ》にもならねえな」

こうした仕事《しごと》は、かなりの実入《みい》り（収入《しゅうにゅう》）になった。

ただ、いくら小吉《こきち》がお金《かね》をかせいでも、それは勝家《かっけ》の暮《く》らしのたすけにはならなかった。

小吉《こきち》は、困《こま》っている者《もの》を見《み》ると、おしげもなく、ぽいと、くれてやったり、小吉《こきち》をしたう町《まち》の衆《しゅう》と連《つ》れ立《だ》ち、はでにさわいで、昼間《ひるま》っから大酒《おおざけ》を飲《の》んだり、ばくち場《ば》に出入《でい》りしたりして、めったに勝家《かつけ》には、もどってこなかったのだ。

「なあに、金《かね》は天下《てんか》のまわりものだぜ。ぱあっと、使《つか》わなけりゃあ、いけねえや」

このため、小吉《こきち》のかわりに、妻《つま》のお信《のぶ》が夜《よる》おそくまで、せっせと着物《きもの》の針仕事《はりしごと》をして、暮《く》らしをたすけていた。

そうした貧《まず》しい暮《く》らしのなかで、麟太郎《りんたろう》は、すこやかに育《そだ》っていった。

麟太郎《りんたろう》は、目《め》がきらきら輝《かがや》いていて、じっとしていることのできない、活発《かっぱつ》な子《こ》だった。

朝早《あさはや》くから、元気《げんき》よく木刀《ぼくとう》で素振《すぶ》りをしたあと、亀沢町《かめざわちょう》のわんぱくたちをあつめて、相撲《すもう》をとったり、竹馬《たけうま》にのったり、走《はし》りくらべをしたり、大川《おおかわ》（隅田川《すみだがわ》）で泳《およ》いだり、石投《いしな》げをしたりして、遊《あそ》んでいた。

二　父《ちち》の肩車《かたぐるま》

五歳《さい》のときだった。

めずらしく家《いえ》に帰《かえ》ってきた小吉《こきち》が、鱗太郎《りんたろう》を肩車《かたぐるま》して、浅草《あさくさ》のお祭《まつ》りに連《つ》れていったのだ。いろんな見世物《みせもの》の小屋《こや》が立《た》っていて、猿回《さるまわ》しや、とんぼがえりの軽業師《かるわざし》、あめ売《う》り、お面売《めんう》りなど、見《み》るもの、聞《き》くもの、鱗太郎《りんたろう》には、おもしろくてならなかった。

そのときだった。

「もうし、そこのお方《かた》」

と、真《ま》っ白《しろ》なあごひげを生《は》やした人相見《にんそうみ》が、小吉《こきち》に声《こえ》をかけてきた。

「なんでえ、おれに用《よう》かい？　おれは、自慢《じまん》じゃねえが、天下《てんか》の貧乏御家人《びんぼうごけにん》だぜ。人相《にんそう》なんか見《み》たって、見料《けんりょう》にも、屁《へ》にも、ならねえよ」

人相見《にんそうみ》は首《くび》をふって、言《い》った。

「いや、わしが見《み》たいのは、そこもとの肩《かた》にのっている男《おとこ》の子《こ》じゃ。いい顔《かお》をしておるのでな、つい、声《こえ》をかけてしまったのじゃ」

　小吉《こきち》は顔《かお》をくしゃくしゃにして、

「そうかい。こいつは、麟太郎《りんたろう》っていうんだぜ。じゃあ、なにかい、麟太郎《りんたろう》がそんなにいい顔《かお》をしているって、いうのかい」

「うむ」

　人相見《にんそうみ》は、目《め》をほそめて、麟太郎《りんたろう》をじいっと見《み》つめた。

（なんだか、お狐《きつね》さんの目《め》のようだな）

　麟太郎《りんたろう》が思《おも》っていると、人相見《にんそうみ》は言《い》った。

「うむ、この子《こ》は目《め》がよい。ふつうの子《こ》の目《め》ではない。そういう目《め》の持《も》ち主《ぬし》は、ゆくゆくは、天下《てんか》をすくうか、天下《てんか》をみだすか、どちらかじゃな」

　それを聞《き》くと、小吉《こきち》は言《い》った。

「なに、言《い》っていやがる。うちの麟太郎《りんたろう》が、天下《てんか》をすくうか、天下《てんか》をみだすか、どちらかだってえのか？　てやんでえ。天下《てんか》をすくう方《ほう》に、決《き》まっているじゃねえか。それが、わからねえとは、へっぽこ易者《えきしゃ》め」

へっぽこと言《い》われ、人相見《にんそうみ》は、むっとした顔《かお》をしたが、小吉《こきち》はからからと笑《わら》い、麟太郎《りんたろう》に言《い》った。

「なあ、麟太郎《りんたろう》。おめえはな、天下《てんか》をすくうんだぜ。てえした役目《やくめ》じゃねえか。いいな、そのかくごはできているな」

麟太郎《りんたろう》はとまどった。

(天下《てんか》をすくう?)

それがどういうことを意味《いみ》しているのか、わからないまま、麟太郎《りんたろう》は、父《ちち》の小吉《こきち》が言《い》うのならと、うなずいた。

「うん、できているよ」

「ようし、よくぞ言《い》った。これで、麟太郎《りんたろう》の将来《しょうらい》は、決《き》まったな」

小吉《こきち》は、麟太郎《りんたろう》を肩車《かたぐるま》したまま、祭《まつ》りのなかを、いきなり走《はし》りはじめた。

「そうら、どけっ、天下《てんか》をすくう、麟太郎明神《りんたろうみょうじん》さまのお通《とお》りだぞっ」

麟太郎《りんたろう》はおどろき、小吉《こきち》の肩《かた》から落《お》ちまいと、首《くび》にしがみついた。

「おおっ、勝先生《かつせんせい》じゃねえか」

日《ひ》ごろから、小吉《こきち》をしたっている町《まち》の者《もの》たちが、それを見《み》て、目《め》を輝《かがや》かせた。

「天下《てんか》をすくう、麟太郎明神《りんたろうみょうじん》さまってえのは、おもしれえじゃねえか」

「ようし、先生《せんせい》についていこうぜ」

火消《ひけ》しやとび職《しょく》の若者《わかもの》たちが、すわとばかり、小吉《こきち》のあとを追《お》って、威勢《いせい》よく走《はし》りだした。

「そうれっ、麟太郎明神《りんたろうみょうじん》さまのお通《とお》りだぞっ」

町《まち》の若《わか》い衆《しゅう》は、はやしたてた。

「そうれ、わっしょい、わっしょい」

麟太郎《りんたろう》は、走《はし》りつづける小吉《こきち》の肩《かた》から落《お》ちないようにしながら、笑《わら》いつづけた。汗《あせ》ばんでいる小吉《こきち》のあたたかい肩《かた》がここちよく、うれしかったのだ。

「いいか、麟太郎《りんたろう》」

小吉《こきち》は、家《いえ》で酒《さけ》を飲《の》み、きげんのいいときには、麟太郎《りんたろう》に言《い》った。

「おめえは、痩《や》せても枯《か》れても、幕府《ばくふ》につかえる武士《ぶし》の子《こ》だぞ。誇《ほこ》りをもて」

それから、こうも言《い》った。

「いいか、おめえは、うそのない男《おとこ》になれ。この世《よ》は、正《ただ》しいことがなかなか通《とお》らず、曲《ま》がったことが大手《おおで》をふって、まかり通《とお》っている。そんな世《よ》のなかだからこそ、おめえは、まっすぐに生《い》きろ。たとえ、身分《みぶん》は低《ひく》くとも、胸《むね》をはって、まっすぐな男《おとこ》になれ」

――誇《ほこ》りをもて。

――うそのない、まっすぐな男《おとこ》になれ。

何度《なんど》もくりかえされる、小吉《こきち》のことばは、幼《おさな》い麟《りん》太《た》郎《ろう》の心《こころ》に、しっかりとやきついたのだった。

三　正月《しょうがつ》のお餅《もち》

小吉《こきち》が、かせいだお金《かね》を家《いえ》に入《い》れないために、勝家《かつけ》の暮《く》らしは、あいかわらず貧乏《びんぼう》で、苦《くる》しかった。

そのころ、勝家《かつけ》は本所南割《ほんじょみなみわり》に転居《てんきょ》していたが、麟太郎《りんたろう》が六歳《さい》の、大《おお》みそかのときだった。

「麟太郎《りんたろう》や。おばあさまがお餅《もち》をくださるそうだよ。すまないけれど、おばあさまのところへ行《い》って、お餅《もち》をいただいておいで」

母《はは》のお信《のぶ》が、麟太郎《りんたろう》にたのんだ。明日《あす》からは、正月《しょうがつ》だというのに、お金《かね》がなくて、勝家《かつけ》は餅《もち》が買《か》えなかったのだ。

「この風呂敷《ふろしき》に、入《い》れてもらっておくれ」

お信《のぶ》がさしだした、紺色《こんいろ》の古《ふる》びた風呂敷《ふろしき》を受《う》け取《と》り、麟太郎《りんたろう》はうなずいた。

「はい、母上《ははうえ》。行《い》ってまいります」

麟太郎《りんたろう》は、お信《のぶ》の実家《じっか》である祖母《そぼ》のところへ、歩《ある》いて行《い》った。祖母《そぼ》の家《いえ》は、りっぱな旗本屋敷《はたもとやしき》だった。


(ずいぶん、ちがうなあ……)

自分《じぶん》の家《いえ》の貧《まず》しいたたずまいを思《おも》いながら、麟太郎《りんたろう》は中《なか》に入《はい》っていった。

「おう、麟太郎《りんたろう》かい」

祖母《そぼ》は、孫《まご》の麟太郎《りんたろう》を見《み》ると、目《め》をやさしく細《ほそ》めた。

「寒《さむ》いなか、ご苦労《くろう》さんだねえ」

祖母《そぼ》は、麟太郎《りんたろう》が持《も》ってきた風呂敷《ふろしき》を見《み》て、言《い》った。

「これは、たいそう古《ふる》びているねえ。お餅《もち》を入《い》れたら破《やぶ》れそうじゃないか。これは捨《す》ててしまって、お餅《もち》は、新《あたら》しい風呂敷《ふろしき》につつんであげよう」

けれど、麟太郎《りんたろう》は首《くび》をふった。

「いいえ、おばあさま。くださる餅《もち》は、これにつつんでください」

母《はは》がわたしてくれた風呂敷《ふろしき》が、勝手《かって》に捨《す》てられるのは、麟太郎《りんたろう》にはいやだった。

「そうかい。麟太郎《りんたろう》がそう言《い》うのなら、そうしようかね。でも、とちゅうで、こぼさないように、気《き》をつけるんだよ」

祖母《そぼ》は、紺色《こんいろ》の風呂敷《ふろしき》に、たくさんの切《き》り餅《もち》をつつんでくれた。そのとき、祖母《そぼ》はひとりごとのように、つぶやいた。

「まったく、おまえの父《ちち》ときたら、毎日《まいにち》、遊《あそ》んでばっかりで、甲斐性《かいしょう》がない（頼《たよ》りにならない）からねえ。信《のぶ》も、かわいそうなものさね」

麟太郎《りんたろう》は、小吉《こきち》を悪《わる》く言《い》う祖母《そぼ》に、反発《はんぱつ》したくなったが、じっとこらえた。

(父上《ちちうえ》は、そんな遊《あそ》び人《にん》じゃない。町《まち》の人《ひと》たちは、父上《ちちうえ》を尊敬《そんけい》しているのに……)

鱗太郎《りんたろう》は、餅《もち》をつつんだ、ずっしりと重《おも》い風呂敷《ふろしき》を背負《せお》って、祖母《そぼ》の家《いえ》から亀沢町《かめざわちょう》の家《いえ》に帰《かえ》っていった。

「ちがう、父上《ちちうえ》はそんな人《ひと》じゃない……」

そうつぶやきながら、大川《おおかわ》にかかっている両国橋《りょうごくばし》をわたりはじめたときには、とっぷりと日《ひ》が暮《く》れ、足元《あしもと》が見《み》えないほどに暗《くら》くなっていた。

両国橋《りょうごくばし》のなかほどまで、鱗太郎《りんたろう》が歩《ある》いたときだった。祖母《そぼ》が心配《しんぱい》していたことが起《お》きたのだ。古《ふる》びて傷《いた》んでいた風呂敷《ふろしき》が、たくさんの餅《もち》を入《い》れていたために、とうとう破《やぶ》れてしまったのである。

「あっ」

叫《さけ》んだときには、餅《もち》は、ぼとぼとと、橋《はし》の上《うえ》に転《ころ》がり落《お》ちてしまった。

「しまった」

鱗太郎《りんたろう》はあわてて、しゃがみこんで、暗《くら》がりのなかを手探《てさぐ》りして、餅《もち》を拾《ひろ》おうとした。

しかし、あたりは真《ま》っ暗《くら》で、どのあたりに、餅《もち》が転《ころ》がっていったのか、わからなかった。

それでも、かろうじて、ふたつだけ、拾《ひろ》えた。

（これだけか）

そのとき、麟太郎《りんたろう》の胸《むね》に、怒《いか》りとも、悲《かな》しみとも、くやしさともつかない、いたたまれないほどの、はげしい感情《かんじょう》が湧《わ》き上《あ》がった。

（なんて、ぶざまな格好《かっこう》だ。侍《さむらい》の子《こ》が、橋《はし》の上《うえ》で、はいつくばって、餅《もち》を拾《ひろ》っているなんて……）

小吉《こきち》のことばが、浮《う》かんだ。

――誇《ほこ》りをもて。

麟太郎《りんたろう》は、立《た》ち上《あ》がった。

そして、せっかく拾《ひろ》ったふた切《き》れの餅《もち》を、石投《いしな》げをするときのように、

「えいっ」

と、力《ちから》いっぱい、大川《おおかわ》に投《な》げこんだ。

（ようし、気持《きも》ちがせいせいしたぞ）

そう思《おも》って、麟太郎《りんたろう》は風呂敷《ふろしき》をくしゃくしゃと丸《まる》めて、肩《かた》で息《いき》をつき、両国橋《りょうごくばし》を歩《ある》きだ

した。しかし、餅《もち》を投《な》げこんで、せいせいしたはずなのに、気持《きも》ちが晴《は》れなかった。そして、家《いえ》にとぼとぼと帰《かえ》って行《い》くうちに、後悔《こうかい》の念《ねん》が生《う》まれてきた。

(ほんとうに、あれでよかったのか？　かんしゃくを起《お》こさず、じっとがまんして、拾《ひろ》えるだけ拾《ひろ》って、餅《もち》を家《いえ》に持《も》ち帰《かえ》るべきではなかったのか？)

家《いえ》にもどると、鱗太郎《りんたろう》はうつむき、母《はは》のお信《のぶ》に、破《やぶ》れた風呂敷《ふろしき》をさしだした。

「ただいま、もどりました」

お信《のぶ》は、鱗太郎《りんたろう》のしょんぼりした顔《かお》と、餅《もち》をつつんでいない、破《やぶ》れた風呂敷《ふろしき》とを、かわるがわる見《み》やった。そして、なにが起《お》きたのか、すべてわかったように、やさしくうなずいた。

「ご苦労《くろう》さまだったね、鱗太郎《りんたろう》」

瞬間《しゅんかん》、鱗太郎《りんたろう》の目《め》から、涙《なみだ》が噴《ふ》き出《だ》した。

「母上《ははうえ》っ、もうしわけありません」

鱗太郎《りんたろう》は、しゃくりあげながら、お信《のぶ》に謝《あやま》った。

武士《ぶし》の家《いえ》でありながら、餅《もち》も買《か》えない、貧《まず》しい暮《く》らし。家《いえ》になかなか帰《かえ》って来《こ》ない、父《ちち》への思《おも》い。夜遅《よるおそ》くまで、仕立物《したてもの》をして働《はたら》いている、母《はは》への思《おも》い。いろんな複雑《ふくざつ》な思《おも》いが、麟太郎《りんたろう》の胸《むね》のなかを、かけめぐってやまなかった。

四　お城《しろ》づとめ

麟太郎《りんたろう》が、七歳《さい》のときだった。

その日《ひ》、麟太郎《りんたろう》は、勝家《かつけ》のしんせきで、大奥《おおおく》につとめていた阿茶《あちゃ》のつぼねの口《くち》ききで、江戸城《えどじょう》のお庭見物《にわけんぶつ》に来《き》ていた。

「ふうん。これが、お城《しろ》のお庭《にわ》か」

はじめて見《み》る江戸城《えどじょう》のお庭《にわ》だったが、麟太郎《りんたろう》には、さまざまにしゃれた工夫《くふう》を凝《こ》らした、庭《にわ》のすべてが、おもしろくてならなかった。

「この広《ひろ》い池《いけ》の石《いし》は、うまい具合《ぐあい》に平《ひら》ったくて、跳《と》ぶのに、ちょうどいいぞ。ようし、のこらず、ぜんぶ、跳《と》んでやれ」

麟太郎《りんたろう》は、池《いけ》の中《なか》に浮《う》いている平石《ひらいし》を、「ひとおつ、ふたあつ」と、かろやかに跳《と》んで遊《あそ》んだ。

「よし、ぜんぶ跳《と》んだぞ」

池《いけ》の石《いし》を跳《と》び終《お》わると、今度《こんど》は、築山《つきやま》に目《め》を留《と》めた。

「おっ、なんだか、ちいさな山《やま》だなあ。近所《きんじょ》の平太《へいた》と、この山《やま》を駆《か》けくらべしたら、ゆかいだろうなあ」

そう思《おも》いながら、築山《つきやま》を一気《いっき》に駆《か》けのぼった。それから、青《あお》い草《くさ》の上《うえ》をすべり下《お》りた。

麟太郎《りんたろう》が、ひとりで庭《にわ》を駆《か》けまわっているありさまを、ちょうどそのとき、縁側《えんがわ》を通《とお》りかかった、第《だい》十一代将軍《だいしょうぐん》、徳川家斉《とくがわいえなり》がみとめた。

「元気《げんき》な子《こ》ではないか、あれは、だれの子《こ》か？」

家斉《いえなり》は、おつきの者《もの》にたずねた。おつきの者《もの》は、女中《じょちゅう》に聞《き》いて、答《こた》えた。

「はっ、あれは、阿茶《あちゃ》のつぼねの縁《えん》つづきの者《もの》で、小普請組《こぶしんぐみ》の勝小吉《かつこきち》の子《こ》、ということでございます」

「さようか」

家斉《いえなり》はうなずいた。

「孫《まご》の初之丞《はつのじょう》の相手《あいて》に、ちょうどよいかもしれぬ。初之丞《はつのじょう》は、少々元気《しょうしょうげんき》が足《た》りぬからのう。あの子《こ》を、小姓《こしょう》として、城《しろ》にあげよ」

まさしく、鶴《つる》の一声《ひとこえ》だった。

七歳《さい》の初之丞《はつのじょう》は、家斉《いえなり》のあとを継《つ》ぐとみなされている徳川家慶《とくがわいえよし》の、五男《ごなん》で、江戸城《えどじょう》の西《にし》の丸《まる》に暮《く》らしていた。

徳川御三卿《とくがわごさんきょう》のひとつ、一橋家《ひとつばしけ》をつぐことになっている初之丞《はつのじょう》の小姓《こしょう》となることは、ゆくゆくは一橋家《ひとつばしけ》の家臣《かしん》となり、重臣《じゅうしん》となることも考《かんが》えられた。

小吉《こきち》はおおよろこびだった。

「麟太郎《りんたろう》に、目《め》を留《と》めるとは、さすがは将軍《しょうぐん》さまだぜ。え、そうじゃねえか」

お信《のぶ》はうなずいた。

「そうですねえ。まさか、将軍《しょうぐん》さまのお孫《まご》さんの、お小姓《こしょう》にしてくださるなんて、夢《ゆめ》のようですね」

小吉《こきち》は言《い》った。

「おうよ、初之丞《はつのじょう》さまは、つぎの十二代将軍《だいしょうぐん》となられる家慶《いえよし》さまの、五男《なん》にあたるんだぜ。ゆくゆくは、徳川御三卿《とくがわごさんきょう》のひとつ、一橋卿《ひとつばしきょう》をつぐ身《み》じゃねえか。そんな、てえしたご身分《みぶん》のお子《こ》のお相手《あいて》をするんだぜ、麟太郎《りんたろう》は」

「でも、なんだか、心配《しんぱい》です。麟太郎《りんたろう》につとまるか、どうか」

お信《のぶ》が言《い》うと、小吉《こきち》は言《い》った。

「心配《しんぱい》することはねえよ、つとまるに、決《き》まっているじゃねえか」

「そうでしょうか」

「なにせ、麟太郎《りんたろう》は、おれの息子《むすこ》だからな。ようし、麟太郎《りんたろう》が、天《てん》にのぼる青雲《せいうん》にのったぞ。おれは、たった四十石《こく》の無役《むやく》の御家人《ごけにん》だったが、麟太郎《りんたろう》は、出世《しゅっせ》するぞ。百石、二百石《こく》なんてもんじゃねえ、千石《ごく》、二千石《ごく》の禄高《ろくだか》の身《み》になるぜ。そうさ。勝家《かっけ》にも、ぐっと、運《うん》が向《む》いてきたじゃねえか」

こうして、七歳《さい》の麟太郎《りんたろう》は、江戸城《えどじょう》の西《にし》の丸《まる》に行《い》くことになった。

(初之丞君《はつのじょうぎみ》か、どんな男《おとこ》の子《こ》なんだろう?)

広《ひろ》い江戸城《えどじょう》のなかに入《はい》り、長《なが》い廊下《ろうか》をわたって、白《しろ》い鶴《つる》が何羽《なんわ》も飛《と》んでいる絵《え》が描《えが》かれている部屋《へや》で、麟太郎《りんたろう》は待《ま》たされた。

「若君《わかぎみ》がいらっしゃいます」

侍女《じじょ》が言《い》った。麟太郎《りんたろう》は、頭《あたま》を低《ひく》くして、初之丞《はつのじょう》を待《ま》った。やがて、力《ちから》のないせきをひとつして、おつきの者《もの》にともなわれ、初之丞《はつのじょう》があらわれ、部屋《へや》の上座《かみざ》にすわった。

「麟太郎《りんたろう》どの、お顔《かお》をおあげなされ。これから、そなたがおつかえする、初之丞《はつのじょう》さまでございますよ」

麟太郎《りんたろう》は顔《かお》をあげた。

上座《かみざ》に、きちんとすわっている初之丞《はつのじょう》を見《み》たとき、麟太郎《りんたろう》は思《おも》った。

(なんて色《いろ》が白《しろ》いんだろう。女《おんな》の子《こ》みたいだ)

毎日《まいにち》、町《まち》のわんぱくたちと、外《そと》で遊《あそ》んでいるため、日焼《ひや》けしている麟太郎《りんたろう》とちがい、初《はつ》之丞《のじょう》は、気難《きむずか》しそうな、青白《あおじろ》い顔《かお》をしていた。病《やまい》がちなのか、手足《てあし》がやせていて、目《め》も力《ちから》なく、細《ほそ》かった。

「若君《わかぎみ》、こたび、小姓《こしょう》となった勝麟太郎《かつりんたろう》でございます」

おつきの者《もの》が麟太郎《りんたろう》を紹介《しょうかい》した。

初之丞《はつのじょう》はちらりと見《み》やって、すぐ、目《め》をそむけた。いかにも活発《かっぱつ》で、健康《けんこう》そうな麟太郎《りんたろう》に、気《き》おくれを感《かん》じたようだった。

「初之丞《はつのじょう》さま。今度《こんど》、初之丞《はつのじょう》さまのお小姓役《こしょうやく》として、そばにおつかえすることになりました勝麟太郎《かつりんたろう》でございます」

麟太郎《りんたろう》は、小吉《こきち》に教《おし》えられた通《とお》りに、あいさつを行《おこな》った。

すると、初之丞《はつのじょう》は、小声《こごえ》で、つぶやくように言《い》った。

「さようか」

その声《こえ》に、麟太郎《りんたろう》は思《おも》った。

(そうか。こんな声《こえ》なのか)

これまで、たくさんのわんぱくたちと遊《あそ》んできたけれど、いま目《め》の前《まえ》にしているのは、自分《じぶん》が会《あ》ったことのない、身分《みぶん》の高《たか》い子《こ》なのだと、あらためて感《かん》じたのである。

そのとき、麟太郎《りんたろう》の口《くち》から、思《おも》いがけないことばが、ついて出《で》た。

「若君《わかぎみ》、お庭《にわ》で遊《あそ》びましょうか」

麟太郎《りんたろう》のことばに、初之丞《はつのじょう》は驚《おどろ》いた様子《ようす》だった。これまで、そんなふうに、誘《さそ》われたことがなかったのだ。

「庭《にわ》で遊《あそ》ぶ、のか？」

初之丞《はつのじょう》はたずねた。

「はい」

麟太郎《りんたろう》は答《こた》えた。

「なにをして、遊《あそ》ぶのじゃ？」

「なんでも」

麟太郎《りんたろう》は、大工《だいく》の子《こ》の平太《へいた》やとび職《しょく》の子《こ》の茂吉《もきち》らと、いつも遊《あそ》んでいるものを、指折《ゆびお》り数《かぞ》えて言《い》った。

「相撲《すもう》、魚《さかな》つり、木刀《ぼくとう》、薙刀《なぎなた》、かけっこ、石投《いしな》げ、竹馬《たけうま》、コマ回《まわ》し。楽《たの》しいことなら、なんでも……」

すると、侍女《じじょ》がさえぎるように言《い》った。

「若君《わかぎみ》は、そうした遊《あそ》びは、これまでなさったことはござりません」

麟太郎《りんたろう》は言《い》った。

「ならば、これからでございますね。初之丞《はつのじょう》さまが、ゆかいで楽《たの》しい遊《あそ》びを、いっぱい覚《おぼ》えられるのは」

それを聞《き》くと、初之丞《はつのじょう》は、疑《うたが》わしそうに言《い》った。

「そんなに、ゆかいで、楽《たの》しいのか？」

「はい。そうでございます」

麟太郎《りんたろう》はうなずいた。

そのとき、雨《あめ》がぽつりぽつりとふりはじめたので、その日《ひ》は、庭《にわ》で遊《あそ》ぶことはなかった。

こうして、麟太郎《りんたろう》は西《にし》の丸《まる》にひと部屋《へや》あてがわれて、初之丞《はつのじょう》につかえることになった。

「初之丞《はつのじょう》さま、勝麟太郎《かつりんたろう》でございます。ごきげん、うるわしゅうございますか」

毎朝《まいあさ》、ていねいにあいさつして、かいがいしくつかえる麟太郎《りんたろう》に、しばらくすると、初《はつ》之丞《のじょう》は、しだいに、うちとけるようになった。

（そんなに、わがままじゃないんだ）

初之丞《はつのじょう》は、じつは、たいそう恥《は》ずかしがりやで、気持《きも》ちを正直《しょうじき》にあらわすことが苦手《にがて》なために、気難《きむずか》しそうにしている、ということもわかってきた。

「勝《かつ》りん」

と、初之丞《はつのじょう》は、親《した》しみをこめて、麟太郎《りんたろう》を呼《よ》ぶようになった。

「勝《かつ》りん、素読《そどく》をしよう」

「勝《かつ》りん、囲碁《いご》をやろう」

「勝《かつ》りん、馬《うま》に乗《の》ろう」

ふたりは、まるで兄弟《きょうだい》のように、いっしょに学問《がくもん》を習《なら》い、武芸《ぶげい》をたしなんだ。初之丞《はつのじょう》は、ときおり熱《ねつ》をだして、寝《ね》こむことがあったが、そのようなときは、枕《まくら》をならべて、ひとつの部屋《へや》に寝《ね》かされるのだった。

しかし、江戸城《えどじょう》の暮《く》らしは、二年《ねん》で終《お》わった。

九歳《さい》になったとき、麟太郎《りんたろう》は、江戸城《えどじょう》をさがって、家《いえ》にもどることになったのだ。

「初之丞《はつのじょう》さまが、身分《みぶん》の低《ひく》い御家人《ごけにん》の子《こ》と、あまり親《した》しくなるのは、よろしくない」

と、はじめは、一橋家《ひとつばしけ》の家老《かろう》が、とがめたのだ。

さらに、父《ちち》の小吉《こきち》の行《おこな》いが調《しら》べられた。ばくち場《ば》に通《かよ》ったり、町《まち》の者《もの》とおおさわぎをしたり、ときには、けんかに明《あ》け暮《く》れたりしていると、小吉《こきち》の品行《ひんこう》の悪《わる》さが、問題《もんだい》になったのである。

「武士《ぶし》にあるまじき、乱暴者《らんぼうもの》の子《こ》と、初之丞《はつのじょう》さまは、かかわらないほうがよい」

結局《けっきょく》、まわりから、引《ひ》き離《はな》されるかたちで、鱗太郎《りんたろう》は、初之丞《はつのじょう》の小姓《こしょう》をやめさせられたのである。

「勝《かつ》りん」

初之丞《はつのじょう》は、鱗太郎《りんたろう》が西《にし》の丸《まる》を去《さ》る日《ひ》に、泣《な》きそうな顔《かお》で言《い》った。

「わたしが一橋《ひとつばし》を継《つ》いだら、かならず、呼《よ》びもどすから」

鱗太郎《りんたろう》も涙《なみだ》を浮《う》かべて、言《い》った。

「わかりました。初之丞《はつのじょう》さま、くれぐれも、おからだをたいせつにしてください」

麟太郎《りんたろう》が初之丞《はつのじょう》の小姓《こしょう》をやめさせられたことに、小吉《こきち》はがっかりした。けれど、小吉《こきち》は、まだあきらめてはいなかった。

「なあに、初之丞《はつのじょう》さまが一橋家《ひとつばしけ》を継《つ》がれたら、麟太郎《りんたろう》はふたたび召《め》しだされるさ。そうに、ちげえねえ」

お信《のぶ》も、そう願《ねが》っていた。

「そうなれば、いいですね」

五　生死《せいし》の境《さかい》をさまよう

ぜいたくな調度品《ちょうどひん》、おいしい食事《しょくじ》といった、夢《ゆめ》のような江戸城《えどじょう》での暮《く》らしから、本所《ほんじょ》の貧《まず》しい家《いえ》での暮《く》らしにもどった九歳《さい》の麟太郎《りんたろう》は、めげることなく、まずは、学問《がくもん》にはげもうと決意《けつい》した。

（学問《がくもん》を身《み》につければ、きっと、道《みち》はひらける）

そう思《おも》ったのだ。

ところが、麟太郎《りんたろう》に、生死《せいし》の境《さかい》をさまよう、きびしい試練《しれん》が待《ま》ち受《う》けていた。

初夏《しょか》の夕暮《ゆうぐ》れどきだった。

麟太郎《りんたろう》は、深川《ふかがわ》で塾《じゅく》をひらいている旗本《はたもと》の屋敷《やしき》を出《で》て、家《いえ》に帰《かえ》っていた。

ところどころ空《あ》き家《や》が立《た》ち並《なら》び、雑草《ざっそう》がしげっている塀《へい》のそばを、麟太郎《りんたろう》は、さきほどまで師《し》に習《なら》っていた漢詩《かんし》の本《ほん》をひろげ、夕《ゆう》べの残光《ざんこう》のなかで、それを読《よ》みながら、歩《ある》いていた。

そのときだった。

「うおっ」

とつぜん、獰猛《どうもう》な声《こえ》が吠《ほ》え、塀《へい》の破《やぶ》れめから、真《ま》っ黒《くろ》な狼《おおかみ》のような野良犬《のらいぬ》が飛《と》びだしてきて、麟太郎《りんたろう》をおそったのだ。

「痛《いた》いっ」

麟太郎《りんたろう》は叫《さけ》んだ。

とっさに、身《み》をかわす間《ま》もなく、はかまをはいた内腿《うちもも》が、するどい牙《きば》で、がぶりと噛《か》まれてしまったのだ。さらに、犬《いぬ》の牙《きば》は、ざくっと、麟太郎《りんたろう》の内腿《うちもも》を、二寸《すん》（約《やく》六センチ）ほど噛《か》み裂《さ》いた。

あまりの痛《いた》みに、麟太郎《りんたろう》は気《き》を失《うしな》って、うしろの草《くさ》むらに倒《たお》れた。

「なんでえ、どうしたんだ」

悲鳴《ひめい》を聞《き》きつけた大工頭《だいくがしら》の八五郎《はちごろう》が走《はし》ってきた。そして、さらに麟太郎《りんたろう》を襲《おそ》おうと、うなっている黒《くろ》い犬《いぬ》と、草《くさ》むらに倒《たお》れている麟太郎《りんたろう》を見《み》た。

「この野郎《やろう》っ、なんてこと、しやがるんだ」

八五郎《はちごろう》は、野良犬《のらいぬ》を蹴《け》りあげた。

野良犬《のらいぬ》は血走《ちばし》った眼《め》で、うなり声《ごえ》をあげたが、それでも、八五郎《はちごろう》の勢《いきお》いに気《け》おされたのか、走《はし》り去《さ》っていった。

「おっ、これは、勝先生《かつせんせい》のお子《こ》じゃねえか」

太腿《ふともも》から血《ち》を流《なが》して気絶《きぜつ》している麟太郎《りんたろう》を、八五郎《はちごろう》はかつぎあげた。

「しっかりして、おくんなせえ」

八五郎《はちごろう》は、急《いそ》いで麟太郎《りんたろう》を、自分《じぶん》の家《いえ》に連《つ》れ帰《かえ》った。

「どうしたんだい、おまえさん」

うろたえる女房《にょうぼう》の八重《やえ》に、八五郎《はちごろう》は言《い》った。

「勝先生《かつせんせい》のお子《こ》が、犬《いぬ》に噛《か》まれたんだ。すぐに、ふとんに寝《ね》かせろ」

八五郎《はちごろう》と八重《やえ》は、重《かさ》ねたふとんに、鱗太郎《りんたろう》の背中《せなか》をもたれかけさせた。傷口《きずぐち》からは、まだ血《ち》が止《と》まらずに流《なが》れつづけていた。べっとりと血《ち》に染《そ》まったはかまに、八重《やえ》は、まゆをひそめて、手《て》ぬぐいで、血《ち》がまだ流《なが》れている太腿《ふともも》のあたりを、おさえた。

「とにかく、血《ち》を止《と》めねえとな」

八五郎《はちごろう》は、太腿《ふともも》の付《つ》け根《ね》を、手《て》ぬぐいで、しばりつけた。

「頭《かしら》、どうしたんでえ」

集《あつ》まってきた職人《しょくにん》たちに、八五郎《はちごろう》はてきぱきと命《めい》じた。

「おい、さぶ。おめえは、外科《げか》の成田《なりた》を連《つ》れてこい」

「辰《たつ》、おめえは、ひとっ走《ぱし》りして、勝先生《かつせんせい》に知《し》らせてこい。お子《こ》が犬《いぬ》に噛《か》まれて、てえへんだってな」

成田《なりた》という医者《いしゃ》は、近所《きんじょ》では、あまり腕《うで》のよくない、やぶ医《い》と言《い》われていた。成田《なりた》は、あたふたとやって来《く》ると、麟太郎《りんたろう》のはかまからのぞいている傷口《きずぐち》を見《み》て、うなった。

「こいつは、ひどい」

八五郎《はちごろう》がたずねた。

「どうなんでえ、傷《きず》は？」

成田《なりた》は首《くび》をふった。

「いかんな。これは、命《いのち》にかかわる傷《きず》だぞ」

このとき、麟太郎《りんたろう》はようやく意識《いしき》を回復《かいふく》させて、目《め》を見《み》ひらいた。しかし、ずきずきと傷口《きずぐち》が激《はげ》しくうずき、たくさんの血《ち》を流《なが》したためか、寒気《さむけ》がして、くちびるをふるわせるばかりだった。

そのとき、小吉《こきち》が飛《と》びこんできた。

「どうした、麟太郎《りんたろう》っ」

麟太郎《りんたろう》は、父《ちち》を見《み》やったが、声《こえ》が出《で》なかった。

「なんでえ、犬《いぬ》に噛《か》まれたくらいで、声《こえ》も出《で》ねえのか。そんな弱虫《よわむし》に育《そだ》てたおぼえは、ねえぞ。しっかりしねえかっ」

小吉《こきち》は、大声《おおごえ》でしかるようにして、麟太郎《りんたろう》をはげましたあと、成田《なりた》に言《い》った。

「息子《むすこ》のけがは、どうなんでえ、先生《せんせい》」

成田《なりた》は口《くち》をすぼめて、むずかしい顔《かお》をした。

「いけませぬな。わしは、あいにく傷口《きずぐち》をぬうのが、苦手《にがて》でしてな」

小吉《こきち》は、どなった。

「馬鹿《ばか》やろうっ。やぶ医者《いしゃ》めっ。傷《きず》がぬえねえで、なにが外科医《げかい》だ。ええい、もう、たのまねえ」

小吉《こきち》は、麟太郎《りんたろう》をかついで、家《いえ》にもどった。すぐに、ふとんに寝《ね》かせた。

「麟太郎《りんたろう》っ、麟太郎《りんたろう》っ」

お信《のぶ》がうろたえて、名《な》を呼《よ》んだが、麟太郎《りんたろう》は血《ち》の気《け》が失《う》せたまま、ことばを発《はっ》することができなかった。

近所《きんじょ》の者《もの》が呼《よ》んでくれた外科医《げかい》の篠田《しのだ》が、走《はし》りながらやって来《き》た。そして、はかまをはさみで切《き》り落《お》とし、傷口《きずぐち》をていねいに洗《あら》った。

「どうでえ、先生《せんせい》。息子《むすこ》は、たすかるかい」

小吉《こきち》がたずねた。

篠田《しのだ》は、傷口《きずぐち》に目《め》を近《ちか》づけて、まゆをひそめた。

「そうとうに深《ふか》い傷《きず》だ。すぐに、ぬわなくてはなるまい。そのあいだ、息子《むすこ》さんには、じっとしていてもらわないと、いけないが……」

小吉《こきち》がわめいた。

「そんなこたあ、だいじょうぶでえ。おい、麟太郎《りんたろう》、じっとしていろっ」

小吉《こきち》は、いきなり刀《かたな》をぬくと、畳《たたみ》に突《つ》きたてた。

「きさまっ、ちっとでも動《うご》けば、たたっ斬《き》るぞっ」

麟太郎《りんたろう》は、痛《いた》みに意識《いしき》が遠《とお》のいていくなかで、父《ちち》のことばを聞《き》いた。

「よし、そのまま。そのまま、じっとして……」

篠田《しのだ》はひたいに脂汗《あぶらあせ》を浮《う》かべて、太腿《ふともも》の傷口《きずぐち》を、手術用《しゅじゅつよう》の糸《いと》でぬっていった。

手術《しゅじゅつ》が終《お》わったあと、麟太郎《りんたろう》は、薬《くすり》をのまされて、眠《ねむ》りについた。

「ご苦労《くろう》さんだったな、先生《せんせい》。せがれは、でえじょうぶだろうか？」

小吉《こきち》はたずねた。

「うむ。傷口《きずぐち》はなんとかぬったから、これ以上《いじょう》、血《ち》は出《で》るまいが、熱《ねつ》が出《で》るであろう」

「熱《ねつ》が？」

「犬《いぬ》の牙《きば》は、毒《どく》がありましてな。それが、からだにまわると、容易《ようい》ならんことになる。まあ、今夜《こんや》が、とうげでござろうな」

医者《いしゃ》が帰《かえ》ったあと、小吉《こきち》は、やるかたない怒《いか》りを爆発《ばくはつ》させた。

「ちっきしょうっ、おれの、でえじなせがれをっ。たったひとりのせがれをっ。ゆるせねえっ。その犬《いぬ》、見《み》つけたら、たたっ斬《き》ってやるっ」

小吉《こきち》は、ぶんぶんと刀《かたな》をふりまわし、ふすまを斬《き》り裂《さ》いた。

それから、はっと我《われ》に返《かえ》ったようになると、外《そと》に飛《と》び出《だ》した。近《ちか》くの妙見堂《みょうけんどう》に走《はし》っていくと、手《て》を合《あ》わせた。

ふんどしひとつになり、水桶《みずおけ》を頭《あたま》から、ざぶっとかぶって、拝《おが》んだ。

「南無妙法蓮華経《なむみょうほうれんげきょう》、せがれをたすけてくれっ。南無妙法蓮華経《なむみょうほうれんげきょう》、せがれをたすけてくれっ。南無妙法蓮華経《なむみょうほうれんげきょう》……」

何杯《なんばい》も、何杯《なんばい》も、水垢離《みずごり》をしながら、小吉《こきち》は、お堂《どう》の妙見菩薩《みょうけんぼさつ》に拝《おが》みつづけた。

「妙見《みょうけん》さん、たのんだぜ。小吉一生《こきちいっしょう》の願《ねが》いだ、せがれをたすけてくれっ」

麟太郎《りんたろう》は、高熱《こうねつ》にうかされる日《ひ》がつづいた。

小吉《こきち》は、毎晩《まいばん》、妙見堂《みょうけんどう》で水垢離《みずごり》をして、冷《つめ》たくなった体《からだ》で、麟太郎《りんたろう》を抱《だ》いて、寝《ね》た。

「死《し》ぬんじゃねえぞ、麟太郎《りんたろう》。死《し》ぬんじゃねえぞっ……」

毎晩《まいばん》、夢《ゆめ》うつつのなかで、麟太郎《りんたろう》は、父《ちち》の言葉《ことば》を聞《き》いた。


小吉《こきち》の想《おも》いが通《つう》じたのか、七十日《にち》たって、麟太郎《りんたろう》はようやく回復《かいふく》した。

「なおった、なおった。せがれが、なおったぜ。妙見《みょうけん》さん、この恩《おん》は忘《わす》れねえよっ。ありがてえ、ありがてえよっ……」

小吉《こきち》は、妙見堂《みょうけんどう》に、盛大《せいだい》なおそなえをした。

六　剣術《けんじゅつ》と禅《ぜん》の修行《しゅぎょう》

傷《きず》も癒《い》えて、元気《げんき》になった麟太郎《りんたろう》は、従兄《じゅうけい》にあたる男谷精一郎《おだにせいいちろう》のもとで、剣術《けんじゅつ》を習《なら》いはじめた。

精一郎《せいいちろう》は、小吉《こきち》の兄《あに》である男谷彦四郎《おだにひこしろう》の養子《ようし》で、幕府《ばくふ》の講武所師範《こうぶしょしはん》もつとめた剣《けん》のすぐれた使《つか》い手《て》で、そのとき、亀沢町《かめざわちょう》で、直心影流《じきしんかげりゅう》の道場《どうじょう》をひらいていた。

（わたしが、ひとかどの者《もの》になるためには、文武両道《ぶんぶりょうどう》、すなわち学問《がくもん》も、剣術《けんじゅつ》も、しっかりと身《み》につけておかなくてはならない）

麟太郎《りんたろう》はそう考《かんが》えて、毎日《まいにち》、剣術《けんじゅつ》に打《う》ちこんだ。小吉《こきち》の血《ち》を受《う》け継《つ》いで、素質《そしつ》があったのか、麟太郎《りんたろう》は、道場《どうじょう》では「牛若丸《うしわかまる》」と呼《よ》ばれて、剣術《けんじゅつ》の腕《うで》が、めきめきと上達《じょうたつ》していった。

三年《ねん》がたったある日《ひ》、精一郎《せいいちろう》が麟太郎《りんたろう》を呼《よ》んで、こう言《い》った。

「麟太郎《りんたろう》、明日《あす》から、おまえは浅草新堀《あさくさしんぼり》の島田虎之助《しまだとらのすけ》の道場《どうじょう》へ行《い》け」

「は？」

思《おも》いがけないことばに、麟太郎《りんたろう》はたずねた。

「どうして、ですか？」

「おれとおまえは、従兄弟《いとこ》だ。どうしても、修行《しゅぎょう》があまくなる。島田虎之助《しまだとらのすけ》は、おれの内弟子《でし》だが、腕《うで》は、天下一品《てんかいっぴん》だ。おまえは、虎之助《とらのすけ》の内弟子《うちでし》となれ」

精一郎《せいいちろう》は言《い》った。

（島田道場《しまだどうじょう》の、内弟子《うちでし》に？）

麟太郎《りんたろう》は考《かんが》えた。

内弟子《うちでし》というのは、そこで寝《ね》とまりして、修行《しゅぎょう》する身《み》となることだった。道場《どうじょう》を掃除《そうじ》することはもちろん、飯《めし》をたいたり、風呂《ふろ》をわかしたり、まきわりをしたり、さまざまな雑《ざつ》用《よう》をこなさなければならなかった。

「虎之助《とらのすけ》は、剣《けん》だけでなく、学問《がくもん》にも、すぐれている。おまえの師匠《ししょう》になるのに、ふさわしい。だから、明日《あす》から、虎之助《とらのすけ》の道場《どうじょう》へ行《い》け。いいな、麟太郎《りんたろう》」

精一郎《せいいちろう》のことばに、麟太郎《りんたろう》はうなずいた。

「はい、先生《せんせい》、わかりました」

島田虎之助《しまだとらのすけ》は、中津藩士《なかつはんし》で、二十二歳《さい》だった。

精一郎《せいいちろう》が認《みと》めているように、剣《けん》も、学問《がくもん》も、すぐれていたが、なによりも人物《じんぶつ》がすぐれていた。

「そなたが、勝麟太郎《かつりんたろう》か」

浅草新堀《あさくさしんぼり》の道場《どうじょう》をおとずれたとき、虎之助《とらのすけ》は、麟太郎《りんたろう》をまっすぐに見《み》やって、剣《けん》できたえた、よく通《とお》る声《こえ》で言《い》った。

「はい」

麟太郎《りんたろう》は答《こた》えた。

「男谷精一郎先生《おだにせいいちろうせんせい》から、ここで内弟子《うちでし》となるようにと、申《もう》しつけられました。勝麟太郎《かつりんたろう》でございます」

「うむ」

虎之助《とらのすけ》はうなずいた。

「話《はなし》は、男谷先生《おだにせんせい》から聞《き》いている。そなたは、剣《けん》も、なかなかの腕《うで》らしいが、これからの時代《じだい》は、剣《けん》だけではだめだ。高《たか》い志《こころざし》と広《ひろ》い視野《しや》をもつためには、学問《がくもん》が必要《ひつよう》だ。よいか、この道場《どうじょう》では、そなたは学問《がくもん》も、はげめ」

「はい」

麟太郎《りんたろう》は、あらためて、虎之助《とらのすけ》の顔《かお》を見《み》やった。それは、若々《わかわか》しい表情《ひょうじょう》のなかに、きびしさと優《やさ》しさをあわせ持《も》っている顔《かお》だった。

(剣《けん》だけでなく、学問《がくもん》もはげめと、言《い》われるのか。精一郎先生《せいいちろうせんせい》のことば通《どお》り、わたしの師匠《ししょう》にふさわしい方《かた》だ。この方《かた》には、多《おお》くのことが、学《まな》べる)

麟太郎《りんたろう》は思《おも》った。

朝早《あさはや》くに起《お》きて、剣《けん》のけいこをしたあと、道場《どうじょう》の掃除《そうじ》、せんたく、まきわり、飯《めし》たきと、目《め》のまわるような忙《いそが》しさがつづいた。

そうした冬《ふゆ》のある日《ひ》、麟太郎《りんたろう》は、虎之助《とらのすけ》に命《めい》じられた。

「麟太郎《りんたろう》、今日《きょう》から、王子権現《おうじごんげん》の夜《よ》げいこに行《い》け」

王子権現《おうじごんげん》の夜《よ》げいことは、島田道場《しまだどうじょう》の特訓《とっくん》のひとつだった。昼《ひる》に、道場《どうじょう》で剣術《けんじゅつ》のけいこをみっちりとやり、風呂《ふろ》たきなどの雑用《ざつよう》を終《お》えたあと、夜《よる》のけいこに出《で》かけるのだ。

「はい。わかりました」

麟太郎《りんたろう》はよろこんだ。夜《よ》げいこを命《めい》じられるのは、門弟《もんてい》として、特別《とくべつ》に選《えら》ばれたしるしだったからだ。

浅草新堀《あさくさしんぼり》から、王子権現《おうじごんげん》までは、二里《り》(約《やく》八キロ)あった。

「さあ、行《い》くぞ」

夜風《よかぜ》が吹《ふ》くなか、麟太郎《りんたろう》は、鉢巻《はちまき》をして、木刀《ぼくとう》をたずさえ、走《はし》った。あかりのない田《た》んぼ道《みち》を走《はし》り、王子権現《おうじごんげん》の境内《けいだい》へ着《つ》くと、人《ひと》の影《かげ》はなかった。

麟太郎《りんたろう》は、木刀《ぼくとう》をふりかざして、素振《すぶ》りをはじめた。

「えいっ、えいっ」

気合《きあ》いをこめて、素振《すぶ》りし、百回《かい》に達《たっ》すると、汗《あせ》びっしょりになった。麟太郎《りんたろう》は、社《やしろ》の前《まえ》の平《ひら》たい石《いし》に、すわった。

氷《こおり》のように冷《つめ》たい石《いし》の上《うえ》で、目《め》を閉《と》じて、精神《せいしん》を集中《しゅうちゅう》させた。

それから、ふたたび、立《た》ち上《あ》がり、木刀《ぼくとう》の素振《すぶ》りを百回《かい》、行《おこな》った。こうして、百回《かい》の素《す》振《ぶ》りと石《いし》の上《うえ》にすわることを、十度《ど》くりかえし、道場《どうじょう》へ走《はし》って帰《かえ》るころには、しらしらと夜《よ》が明《あ》けてきた。

道場《どうじょう》にもどると、すぐに朝《あさ》げいこを行《おこな》った。けいこを終《お》えると、いつものように、道場《どうじょう》のふき掃除《そうじ》をはじめた。ひろい床《ゆか》から、壁《かべ》、柱《はしら》、そして廊下《ろうか》と、丹念《たんねん》に、ふいていった。掃除《そうじ》が終《お》わると、飯《めし》をたいた。

こうして、鱗太郎《りんたろう》は一日中《いちにちじゅう》、からだを動《うご》かし、剣《けん》のけいこをつづけた。けいこ着《ぎ》とはかまだけの姿《すがた》で、一年《ねん》を通《とお》し、どんなに寒《さむ》い冬《ふゆ》でも、変《か》わらない姿《すがた》で修行《しゅぎょう》した。

(強《つよ》くなれ。強《つよ》くなれ。心《こころ》も、体《からだ》も、強《つよ》くなれ)

鱗太郎《りんたろう》は、自身《じしん》にそう言《い》い聞《き》かせつづけた。

(かならず、自分《じぶん》は、ひとかどの者《もの》となる。無役《むやく》の貧《まず》しい御家人《ごけにん》のままで、生涯《しょうがい》を終《お》えることはない。わたしが自分《じぶん》のもてる力《ちから》をぞんぶんに発揮《はっき》するときが、きっとやって来《く》るのだから……)

麟太郎《りんたろう》が修行《しゅぎょう》にはげんでいたとき、徳川家慶《とくがわいえよし》が、十二代将軍《だいしょうぐん》になった。そして、初之丞《はつのじょう》は、一橋家《ひとつばしけ》を継《つ》いで、一橋慶昌《ひとつばしよしまさ》となった。

「そうら、来《き》た、来《き》た。青雲《せいうん》がやって来《き》たぞ」

小吉《こきち》は手《て》を打《う》って、よろこんだ。

「麟太郎《りんたろう》、おめえは一橋家《ひとつばしけ》につかえて、りっぱな侍《さむらい》になるだろうからな。おれは、このさい、隠居《いんきょ》するぞ。いいな」

小吉《こきち》は、麟太郎《りんたろう》に言《い》った。

「でも、父上《ちちうえ》……」

麟太郎《りんたろう》がなにか言《い》おうとすると、小吉《こきち》は言《い》った。

「おれは、隠居《いんきょ》の名前《なまえ》も、考《かんが》えてあるんだ。夢酔《むすい》ってえんだ。夢《ゆめ》に酔《よ》うって、いい名《な》だろう」

ところが、あくる年《とし》、麟太郎《りんたろう》を呼《よ》びよせる間《ま》もなく、慶昌《よしまさ》は、病《やまい》で死《し》んでしまった。

麟太郎《りんたろう》が一橋家《ひとつばしけ》につかえ、順調《じゅんちょう》に出世《しゅっせ》していくだろうという、小吉《こきち》の望《のぞ》みは、ぷっつりと断《た》たれてしまったのだ。

「なんでえ、なんでえ。うまくいかねえなあ」

小吉《こきち》はなげいたが、隠居《いんきょ》する気持《きも》ちは変《か》わらなかった。

天保《てんぽう》九年《ねん》（一八三八年《ねん》）の七月《がつ》、十六歳《さい》の麟太郎《りんたろう》は、四十石《こく》の御家人《ごけにん》である勝家《かっけ》のあとを継《つ》ぐことになった。

そして小吉《こきち》は、三十七歳《さい》で、夢酔《むすい》という名《な》の隠居《いんきょ》となったのである。

初之丞《はつのじょう》の死《し》に、麟太郎《りんたろう》は、はじめこそは失望《しつぼう》した。一橋家《ひとつばしけ》の家臣《かしん》になるという、出世《しゅっせ》の道《みち》が閉《と》ざされたからだ。

しかし、麟太郎《りんたろう》はめげなかった。かえって、そのことにより、悟《さと》ることがあった。

（だれかにたよって、出世《しゅっせ》する。そのようなことを、望《のぞ》んではだめだ。そんな望《のぞ》みは、むなしいだけだ。すべては、おのれの力《ちから》で、道《みち》をきりひらくしかない）

麟太郎《りんたろう》は、はっきりと、このとき自覚《じかく》したのだ。

——たよるべきは、自分《じぶん》の力《ちから》だ。自分《じぶん》を磨《みが》き、自分《じぶん》を高《たか》めて、道《みち》をきりひらくしかない。

ある日《ひ》、師《し》の虎之助《とらのすけ》が、麟太郎《りんたろう》を呼《よ》んで、こう言《い》った。

「麟太郎《りんたろう》、禅《ぜん》を学《まな》べ」

「え?」

「剣《けん》の道《みち》をさらにきわめるために、禅《ぜん》を学《まな》ぶがいい」

「禅《ぜん》ですか」

「そうだ。座禅《ざぜん》の修行《しゅぎょう》だ。これは、そなたの心《こころ》を磨《みが》くのに、かならず役《やく》に立《た》つだろう」

心《こころ》を磨《みが》くのか。それは、願《ねが》ってもないことだ。

麟太郎《りんたろう》はうなずいた。

「わかりました、先生《せんせい》。剣《けん》の道《みち》をきわめ、心《こころ》を磨《みが》くため、よろこんで、座禅《ざぜん》の修行《しゅぎょう》をいたします」

「牛島《うしじま》の、弘福寺《こうふくじ》に通《かよ》うがいい」

それから、麟太郎《りんたろう》は、毎日《まいにち》、朝早《あさはや》くに道場《どうじょう》を出《で》て、牛島《うしじま》の東《ひがし》にある弘福寺《こうふくじ》へ通《かよ》った。

大勢《おおぜい》の修行僧《しゅぎょうそう》にまじって、結跏趺坐《けっかふざ》という、座禅特有《ざぜんとくゆう》のすわりかたをして、目《め》を半眼《はんがん》

（うす目《め》）にして、無心《むしん》の境地《きょうち》（なにも考《かんが》えない）になる、座禅修行《ざぜんしゅぎょう》をはじめた。

しかし、はじめのころは、なかなか無心《むしん》にはなれなかった。

これから、自分《じぶん》はどうなるのだろう。はたして、道《みち》はきりひらけるのだろうか。そうしたことを、もやもやと考《かんが》えているうちに、ふっと、眠《ねむ》くなってしまうのだ。

すると、それを見透《みす》かしたように、指導僧《しどうそう》が近《ちか》づき、木《き》の棒《ぼう》で、ぴしりと麟太郎《りんたろう》の肩《かた》をたたいた。

麟太郎《りんたろう》は、びくっとして、おどろいた。

（いけない、雑念《ざつねん》をはらえ）

麟太郎《りんたろう》は、すわりなおして、雑念《ざつねん》をふりはらい、無心《むしん》になろうとつとめた。しかし、やはり、なかなか無心《むしん》にはなれなかった。

（これから、どう生《い》きていけば、いいのだろう……）

そうした思《おも》いとともに、からだがかすかに揺《ゆ》れてくる。

そのとき、指導僧《しどうそう》の棒《ぼう》が、麟太郎《りんたろう》の肩《かた》を、ぴしりとたたく。はっとして、麟太郎《りんたろう》は思《おも》いをふりはらった。

これらを、毎朝《まいあさ》くりかえしているうちに、いつしか、麟《りん》太《た》郎《ろう》は「なにも考《かんが》えない」という、無心《むしん》の境地《きょうち》に達《たっ》することができるようになった。

この座禅修行《ざぜんしゅぎょう》が、四年《ねん》つづいた。

そして、このころには剣《けん》の腕《うで》も上達《じょうたつ》し、虎之助《とらのすけ》に代《か》わって、師範代《しはんだい》として、道場《どうじょう》に来《く》る門弟《もんてい》に、剣《けん》を教《おし》えるまでになっていた。

七　蘭学《らんがく》とズーフ・ハルマ

「麟《りん》太《た》郎《ろう》。よく修行《しゅぎょう》したな」

一日《にち》も休《やす》まずに、からだを鍛《きた》え、心《こころ》を鍛《きた》えてきた二十一歳《さい》の麟《りん》太《た》郎《ろう》に、島田《しまだ》虎之助《とらのすけ》は言《い》った。

「そなたに、わが道場《どうじょう》の免許皆伝《めんきょかいでん》をあたえる」

免許皆伝《めんきょかいでん》か。

これまでの努力《どりょく》がむくわれたことが、麟太郎《りんたろう》はうれしかった。

「ありがとうございます、先生《せんせい》」

虎之助《とらのすけ》はにこにこと笑《わら》って、言《い》った。

「これからは、わたしのかわりに、代《だい》げいこととして、諸藩《しょはん》のやしきをまわってくれ」

「はい。しょうちいたしました」

「それにな、麟太郎《りんたろう》。禅《ぜん》を学《まな》んだそなたは、つぎは、蘭学《らんがく》を学《まな》ぶがいい」

蘭学《らんがく》とは、オランダの学問《がくもん》だった。当時《とうじ》は、幕府《ばくふ》の鎖国政策《さこくせいさく》により、中国《ちゅうごく》、朝鮮《ちょうせん》、オランダとしか国交《こっこう》がなかったので、西洋《せいよう》の社会《しゃかい》や文化《ぶんか》は、オランダを通《とお》してしか、知《し》られていなかったのだ。

「蘭学《らんがく》を？」

虎之助《とらのすけ》はうなずいて言《い》った。

「そうだ。これからは、西洋《せいよう》がどういう文化《ぶんか》を持《も》ち、どういう船《ふね》を持《も》ち、どういう武器《ぶき》を持《も》っているか、そうしたことを知《し》らなければ、なるまい」

麟太郎《りんたろう》はうなずいた。

「はい、先生《せんせい》。わたくしは蘭学《らんがく》を学《まな》びます」

このとき、麟太郎《りんたろう》は心《こころ》にきざむことがあった。

これから、時代《じだい》は大《おお》きく変《か》わっていく。いまの自分《じぶん》に必要《ひつよう》なのは、時代《じだい》の先《さき》を読《よ》む力《ちから》だ。これから、時代《じだい》がどう変《か》わっていくか、それを見通《みとお》す力《ちから》だ。そのためには、とらわれのない、ものの見方《みかた》、考《かんが》え方《かた》をしなくては、ならない。

麟太郎《りんたろう》には、幕府《ばくふ》にたいして、思《おも》うところがあった。

いまの幕府《ばくふ》は、長《なが》い鎖国政策《さこくせいさく》のために、ものの見方《みかた》が狭《せま》く、自由《じゆう》なところがない。これではいけない。わたしが蘭学《らんがく》を学《まな》ぶのは、いま世界《せかい》がどうなっているのか、それを知《し》るとともに、これから自分《じぶん》がなにをめざすべきなのか、それを知《し》るためなのだ。

弘化元年《こうかがんねん》（一八四四年《ねん》）、麟太郎《りんたろう》は、神田《かんだ》お玉《たま》が池《いけ》の佐久間象山《さくましょうざん》の塾《じゅく》、「五柳精舎《ごりゅうしょうじゃ》」の門《もん》をたたいた。

そのころ象山《しょうざん》は、西洋砲術《せいようほうじゅつ》と海防研究《かいぼうけんきゅう》の第一人者《だいいちにんしゃ》とされていた。

「象山先生《しょうざんせんせい》、わたくしは、勝麟太郎《かつりんたろう》という御家人《ごけにん》で、島田虎之助先生《しまだとらのすけせんせい》の道場《どうじょう》で、師範代《しはんだい》をつとめている者《もの》です。これからの日本《にほん》は、どうすればよいのか、ぜひ、先生《せんせい》のご高説《こうせつ》をうかがいたいのです」

麟太郎《りんたろう》の問《と》いに、象山《しょうざん》は、ふむふむとひげをしごきながら、自信《じしん》たっぷりに、答《こた》えた。

「では、言《い》おう。日本《にほん》は、このままではあぶないぞ。まわりはすべて海《うみ》にかこまれているからな。いつ海《うみ》から敵《てき》がやってくるか、わからんのだぞ」

それから象山《しょうざん》は、これまで、多《おお》くの門人《もんじん》に対《たい》して伝《つた》えてきたことを、声《こえ》を大《だい》にして、麟《りん》太郎《たろう》に告《つ》げた。

「まずはな、ここぞと思《おも》われる海岸《かいがん》に、砲台《ほうだい》をつくることだ。砲台《ほうだい》だけでは、だめだぞ。大砲《たいほう》が必要《ひつよう》だ。そのためには、たいせつな銅《どう》の輸出《ゆしゅつ》をやめ、その銅《どう》で西洋式《せいようしき》の、しっかりした大砲《たいほう》を造《つく》らんとな。さらには、大船造《おおぶねづく》りの禁止《きんし》など、おろかな政策《せいさく》はやめて、造船《ぞうせん》に力《ちから》を入《い》れないといかん」

麟太郎《りんたろう》はうなずいた。

「造船《ぞうせん》だけでは、だめだぞ。海防《かいぼう》にすぐれた役人《やくにん》を選《えら》び、西洋式《せいようしき》の軍艦《ぐんかん》を造《つく》らんとな。それには、各地《かくち》に学校《がっこう》を建《た》て、学問《がくもん》に力《ちから》を入《い》れることだ。そのためには、身分《みぶん》などいっさい関係《かんけい》なく、能力《のうりょく》のある者《もの》を取《と》り立《た》てることだ」

象山《しょうざん》は、ひげをしごきながら、熱弁《ねっべん》をふるった。

「幕府《ばくふ》は、武士《ぶし》だけに学問《がくもん》をすすめておるが、それではいかん。町人《ちょうにん》も、農民《のうみん》も、みんな学問《がくもん》を修《おさ》めて、知識《ちしき》をひろく持《も》ち、国民《こくみん》すべてで、国《くに》を守《まも》らねば、いかんのだ。そうであろう、そうは思《おも》わんか？」

麟太郎《りんたろう》は、象山《しょうざん》のことばに、目《め》からうろこが落《お》ちる気持《きも》ちになった。

（そうか、なるほどな。これからは、身分《みぶん》にかかわりなく、だれもが教育《きょういく》を受《う》けて、知識《ちしき》を持《も》つ時代《じだい》にならねばならないのか）


あくる年《とし》、二十三歳《さい》の麟太郎《りんたろう》は、蘭学《らんがく》を本格的《ほんかくてき》に学《まな》ぶために、江戸《えど》でもっともオランダの書物《しょもつ》を持《も》っていると言《い》われている、赤坂田町《あかさかたまち》の永井青崖《ながいせいがい》のもとをおとずれた。

「青崖先生《せいがいせんせい》、わたくしに、蘭学《らんがく》を学《まな》ばせてください」

青崖《せいがい》は、こころよく、麟太郎《りんたろう》を受《う》け入《い》れてくれた。

「うむ。そなたは、なかなかによいおもざしをしておる。わが塾《じゅく》で、しっかりと、蘭学《らんがく》を学《まな》ぶがよい」

「ありがとうございます」

それから、蘭学《らんがく》を熱心《ねっしん》に学《まな》ぶ日々《ひび》が始《はじ》まった。

「そうか。西洋《せいよう》では、こういうふうに、なっているのか」

青崖《せいがい》のもとで、麟太郎《りんたろう》は世界《せかい》に通《つう》じる多《おお》くの蘭書《らんしょ》にふれ、とりわけ、西洋《せいよう》の兵学《へいがく》を学《まな》んでいった。しかし、学問《がくもん》だけでなく、剣《けん》のけいこも、おこたらなかった。

朝《あさ》、自宅《じたく》から、島田道場《しまだどうじょう》へ行《い》き、夕方《ゆうがた》まで、虎之助《とらのすけ》のかわりに、代《だい》げいこをつとめた。夕方《ゆうがた》からは、青崖《せいがい》の塾《じゅく》へ行《い》き、夜《よる》おそく塾《じゅく》からもどり、それから復習《ふくしゅう》をした。ほとんど、眠《ねむ》る間《ま》もなかった。

——磨《みが》け、磨《みが》け。自分《じぶん》の力《ちから》を磨《みが》け。とらわれのない、ひろい知識《ちしき》は、力《ちから》になる。おのれの道《みち》をきりひらく、いちばんの力《ちから》になる。

ほとんど休《やす》む間《ま》もない、剣《けん》と蘭学《らんがく》の日々《ひび》は、麟太郎《りんたろう》には、ちっとも苦痛《くつう》ではなかった。これから、どう生《い》きるべきか、それがしだいに、目《め》に見《み》えてくるようだったからだ。

ところが、島田道場《しまだどうじょう》の門弟《もんてい》たちは、蘭学《らんがく》を学《まな》ぶ鱗太郎《りんたろう》に、文句《もんく》をつけた。

「師範代《しはんだい》は、オランダかぶれです」

「そんな人《ひと》に、剣《けん》を習《なら》いたくありません」

「道場《どうじょう》をやめます」

異国《いこく》の学問《がくもん》など、みだりに、学《まな》んではならぬ。そうした幕府《ばくふ》の政策《せいさく》を守《まも》ろうとする、古《ふる》い考《かんが》え方《かた》の門人《もんじん》たちは、つぎつぎと、島田道場《しまだどうじょう》から離《はな》れていった。

「なに、気《き》にするな、鱗太郎《りんたろう》」

虎之助《とらのすけ》は鱗太郎《りんたろう》に言《い》った。

「彼《かれ》らには、わかっていないのだ。これからは、蘭学《らんがく》をおさめた者《もの》の時代《じだい》がやって来《く》るということがな。鱗太郎《りんたろう》、そなたは、しっかりとオランダの書物《しょもつ》を読《よ》んで、洋式《ようしき》の軍隊《ぐんたい》、兵器《へいき》、軍艦《ぐんかん》を学《まな》べばよい」

虎之助《とらのすけ》の理解《りかい》あることばに、鱗太郎《りんたろう》は深《ふか》く感謝《かんしゃ》した。

「はい、先生《せんせい》。そういたします」

同《おな》じ年《とし》に、二十三歳《さい》の麟太郎《りんたろう》は、二歳年上《さいとしうえ》のお民《たみ》と結婚《けっこん》した。

お民《たみ》は、商人《しょうにん》のむすめだった。武士《ぶし》と町人《ちょうにん》の婚姻《こんいん》は、禁《きん》じられていたため、岡野孫一郎《おかのまごいちろう》という旗本《はたもと》の養女《ようじょ》となって、麟太郎《りんたろう》のもとへやって来《き》たのだった。

「おれんちは、貧乏《びんぼう》だぜ」

麟太郎《りんたろう》は、お民《たみ》に言《い》った。

「そんなこと、かまいません」

お民《たみ》は、貧乏《びんぼう》を苦《く》にしなかった。一両二分《りょうぶ》で買《か》ったひとすじの帯《おび》を、三年《ねん》もの間《あいだ》、ほかの帯《おび》を買《か》えないまま、変《か》わらず締《し》めつづけたが、ひとことも、不平《ふへい》を言《い》わなかった。

麟太郎《りんたろう》も、貧乏《びんぼう》を苦《く》にしなかった。

お民《たみ》が病気《びょうき》になったときは、玄米《げんまい》を自分《じぶん》で買《か》ってきて、「さし搗《つ》き」という方法《ほうほう》で、米《こめ》を搗《つ》いた。この方法《ほうほう》が、もっとも米《こめ》が減《へ》らないからだった。

そして、魚《さかな》や野菜《やさい》を買《か》ってきて、お民《たみ》とふたりで、食事《しょくじ》をした。

あいかわらず貧《まず》しいながらも、代《だい》げいこの謝礼《しゃれい》などで、わずかばかり暮《く》らしが楽《らく》になったころ、勝家《かつけ》は赤坂田町《あかさかたまち》へ転居《てんきょ》した。

そのころ、長女《ちょうじょ》の夢《ゆめ》が生《う》まれた。

「ううむ」

麟太郎《りんたろう》はこまっていた。

むずかしい蘭学《らんがく》の書物《しょもつ》を読《よ》みこなすには、蘭和辞典《らんわじてん》がどうしても必要《ひつよう》だった。しかし、それを持《も》っていないため、蘭学《らんがく》の勉強《べんきょう》がいきづまっていたのだ。

「ああ、あの辞典《じてん》があればなあ」

麟太郎《りんたろう》が手《て》に入《い》れたかったのは、「ズーフ・ハルマ」という、五十八巻《かん》におよぶ大辞典《だいじてん》だった。

オランダ人《じん》のハルマが作《つく》った蘭仏辞典《らんふつじてん》を、オランダ人《じん》のズーフが、蘭和辞典《らんわじてん》に書《か》き直《なお》したことで、「ズーフ・ハルマ」と、ふたりの名《な》がつけられた辞典《じてん》だった。

「けれど、六十両《りょう》もする」

貧乏《びんぼう》な麟太郎《りんたろう》には、とうてい買《か》えず、ため息《いき》をつくばかりだった。しかし、どうしてもあきらめきれず、麻布飯倉《あざぶいいぐら》の赤城《あかぎ》という蘭方医者《らんぽういしゃ》がそれを持《も》っていると聞《き》くと、赤城《あかぎ》のもとへ出向《でむ》いた。

「赤城先生《あかぎせんせい》、お願《ねが》いいたします。蘭和辞典《らんわじてん》をわたくしに写《うつ》させてください」

鱗太郎《りんたろう》の言葉《ことば》に、赤城《あかぎ》はおどろいた。

「なんと、『ズーフ・ハルマ』を写《うつ》すと言《い》われるのか」

「はい」

「しかし、これは数千《すう》ページもあるのですぞ。全部写《ぜんぶうつ》すには、一年以上《ねんいじょう》、かかるでしょう」

「かまいません」

鱗太郎《りんたろう》は言《い》った。

「先生《せんせい》さえ、ゆるしてくだされば、どんなに時間《じかん》がかかろうと、がんばって写《うつ》すつもりです。お願《ねが》いいたします、赤城先生《あかぎせんせい》」

鱗太郎《りんたろう》の熱心《ねっしん》さに、赤城《あかぎ》は、ついにうなずいた。

「よろしい。お貸《か》しいたしましょう」

「ありがとうございます」

鱗太郎《りんたろう》は感謝《かんしゃ》した。

それから、一年《ねん》かけて、鱗太郎《りんたろう》は「ズーフ・ハルマ」を写《うつ》していった。寝《ね》る間《ま》もおしんで写《うつ》したので、二組《ふたくみ》の写本《しゃほん》ができた。

「お民《たみ》、辞典《じてん》が二組《ふたくみ》、できたぞ」

鱗太郎《りんたろう》はお民《たみ》に言《い》った。

「まあ、よくがんばりましたね。でも、あなた、二組《ふたくみ》も作《つく》って、どうされるのですか」

鱗太郎《りんたろう》はうなずいた。

「一組《ひとくみ》は、わたしの手元《てもと》に置《お》くのさ。もう一組《ひとくみ》は売《う》って、赤城先生《あかぎせんせい》へ、貴重《きちょう》な原本《げんぽん》を貸《か》してくださったお礼《れい》に、十両《りょう》さしあげる」

お民《たみ》はほほえんだ。

「それは、ようございますね」

八　たすけ船《ぶね》

さいわい、一組《ひとくみ》の辞典《じてん》は、師《し》の青崖《せいがい》が、六十両《りょう》で買《か》ってくれた。

赤城《あかぎ》に十両《りょう》の礼金《れいきん》をはらったあと、残《のこ》りの五十両《りょう》は、家計《かけい》の足《た》しにするつもりだった。

だが、夢酔《むすい》と名乗《なの》っている父《ちち》の小吉《こきち》が、ばくちなどでこしらえた借金《しゃっきん》を払《はら》うと、ほとんど残《のこ》らなかった。

「すまんな、麟太郎《りんたろう》」

小吉《こきち》は麟太郎《りんたろう》に言《い》った。

「気《き》になさらずともよいのです、父上《ちちうえ》」

麟太郎《りんたろう》は言《い》ったが、あいかわらず勝家《かつけ》は、貧《まず》しい暮《く》らしがつづいた。

「これだ。これが欲《ほ》しい」

ある日《ひ》、麟太郎《りんたろう》が本屋《ほんや》で見《み》つけたのは、「ソルダート・スコール」というオランダの兵《へい》学書《がくしょ》だった。

五十両《りょう》の値《ね》がついている、この八巻《かん》の書《しょ》には、ヨーロッパのもっとも新《あたら》しい軍事戦術《ぐんじせんじゅつ》から、鉄砲《てっぽう》や大砲《たいほう》の製造法《せいぞうほう》、さらに軍艦《ぐんかん》の設計《せっけい》、航海術《こうかいじゅつ》など、麟太郎《りんたろう》には、どうしても学《まな》んでおきたいことが書《か》かれていた。

「これを読破《どくは》すれば、大砲《たいほう》も製造《せいぞう》できるし、軍艦《ぐんかん》も設計《せっけい》し、航海《こうかい》にも出《で》られる」

麟太郎《りんたろう》は、知《し》り合《あ》いの家《いえ》をかけずりまわって、なんとか五十両《りょう》を借《か》りて、本屋《ほんや》にかけこんだ。

しかし、本《ほん》はすでに四谷《よつや》に住《す》む大場安右衛門《おおばやすえもん》という勘定方《かんじょうかた》の与力《よりき》の手《て》にわたっていた。

麟太郎《りんたろう》は大場《おおば》の家《いえ》に行《い》って、たのみこんだ。

「お願《ねが》いします。五十両《りょう》で、わたしに、おゆずりください」

大場《おおば》はことわった。

「それはできません。貸《か》すこともできません」

かたくなにことわる大場《おおば》に、麟太郎《りんたろう》は頭《あたま》をさげて、必死《ひっし》でたのみこんだ。

「では、大場《おおば》さまが読《よ》んでおられないときに、写《うつ》させてください」

「なんと……」

大場《おおば》はあきれ顔《がお》になった。

しかし、麟太郎《りんたろう》の熱意《ねつい》に大場《おおば》は負《ま》けた。

「それでは、こういたしましょう」

毎晩《まいばん》、大場《おおば》が寝《ね》る十時《じ》から、明《あ》け方《がた》まで、用意《ようい》された部屋《へや》で、麟太郎《りんたろう》がしずかに筆写《ひっしゃ》することを、大場《おおば》はゆるしてくれたのだ。

それからというもの、麟太郎《りんたろう》は、毎晩四谷《まいばんよつや》に通《かよ》い、「ソルダート・スコール」を写《うつ》しつづけた。そうして六か月後《げつご》に、すべて写《うつ》し終《お》えた。

すると、思《おも》いがけないことが起《お》きた。

「ありがとうございます、大場《おおば》さま。なんとか写《うつ》し終《お》えることができました」

感謝《かんしゃ》する麟太郎《りんたろう》に、大場《おおば》が言《い》った。

「いやいや、勝《かつ》どの。毎晩通《まいばんかよ》ってこられるあなたの熱心《ねっしん》さには、ほとほと感服《かんぷく》いたしました。この書物《しょもつ》は、わたしなどより、あなたが持《も》つべきものでござろう」

なんと、大場《おおば》は「ソルダート・スコール」の原本《げんぽん》を、麟太郎《りんたろう》に、ただでゆずってくれたのだ。

「なんと、ありがたいことか」

麟太郎《りんたろう》は、筆写《ひっしゃ》した本《ほん》を、三十両《りょう》で売《う》った。

しかし、そのころ、父《ちち》の小吉《こきち》がたおれ、医者代《いしゃだい》がかかるようになっていて、勝家《かっけ》の暮《く》らしは、まだまだ楽《らく》にはならなかった。


そんなある日《ひ》のこと、青崖《せいがい》が言《い》った。

「麟太郎《りんたろう》、そなた、蘭学《らんがく》と兵学《へいがく》にだいぶ通《つう》じるようになったのだから、このさい、私塾《しじゅく》をひらいてみないか」

青崖《せいがい》は、麟太郎《りんたろう》の学才《がくさい》と熱意《ねつい》を高《たか》く評価《ひょうか》していたのだ。

麟太郎《りんたろう》はよろこんだ。

「はい、先生《せんせい》。ありがとうございます」

私塾《しじゅく》をひらくのは、のぞむところだった。

しかし、塾《じゅく》をひらこうにも、資金《しきん》がとぼしく、赤坂田町《あかさかたまち》のあばら家《や》では、いかにも狭《せま》くて、貧相《ひんそう》だった。

そんなとき、思《おも》いがけない、たすけ船《ぶね》があらわれた。

これまで、麟太郎《りんたろう》はお金《かね》がないため、本屋《ほんや》では買《か》うことができないので、立《た》ち読《よ》みばかりしていた。

「こまったお人《ひと》だ」

日本橋《にほんばし》の嘉七《かしち》という書店《しょてん》の主人《しゅじん》は、日《ひ》ごろから、麟太郎《りんたろう》を迷惑《めいわく》がっていたが、その本屋《ほんや》に来《き》ていた渋田利右衛門《しぶたりえもん》という箱館《はこだて》の商人《しょうにん》と、麟太郎《りんたろう》が、ある日《ひ》、たまたま出会《であ》った。

「もし、お侍《さむらい》さん」

利右衛門《りえもん》はにこにこと笑《わら》いながら、麟太郎《りんたろう》に話《はな》しかけた。

「嘉七《かしち》さんに聞《き》いたところ、たいそう、本好《ほんず》きとのことですが、わたくしも、じつは大《だい》の本好《ほんず》きでしてな」

そばで、嘉七《かしち》が口《くち》ぞえした。

「利右衛門《りえもん》さんは、毎年《まいとし》、江戸《えど》に来《こ》られて、六百両《りょう》ほども、本《ほん》を買《か》っていかれるのですよ」

「六百両《りょう》も、ですか」

麟太郎《りんたろう》はため息《いき》をついた。

「それは、うらやましいかぎりです。わたくしなど、金《かね》がなくて、立《た》ち読《よ》みしかできませんから」


すると、つぎの日《ひ》に、渋田利右衛門《しぶたりえもん》が麟太郎《りんたろう》の家《いえ》をおとずれて来《き》た。

「おお」

利右衛門《りえもん》は、麟太郎《りんたろう》の家《いえ》におどろいた。

天井板《てんじょういた》は、薪《まき》の代《か》わりに、ほとんどなくなっていたし、柱《はしら》も一部《いちぶ》切《き》られていたし、畳《たたみ》も、古《ふる》びてすりきれたものが三枚《まい》、床《ゆか》に敷《し》かれているばかりだったからだ。

「いやあ、このような貧乏暮《びんぼうぐ》らし、お恥《は》ずかしいかぎりでござる」

麟太郎《りんたろう》が頭《あたま》をかいて、笑《わら》いながら言《い》うと、利右衛門《りえもん》は、まったく気《き》にしない様子《ようす》で、本《ほん》好《ず》きだった自分《じぶん》の身《み》の上話《うえばなし》をはじめた。

「じつは、わたくしも本《ほん》が好《す》きで、父《ちち》にずいぶんしかられましたが、どうしても本《ほん》を読《よ》むのがやめられなくて……。まあ、そういったわけで、いまにいたるまで、江戸《えど》にやって来《き》ては、めずらしい本《ほん》を買《か》うのが、楽《たの》しみでしてね……」

昼《ひる》になると、利右衛門《りえもん》は言《い》った。

「蕎麦《そば》でも、おごりましょうか」

利右衛門《りえもん》は財布《さいふ》から金《かね》を出《だ》して、麟太郎《りんたろう》といっしょに、蕎麦《そば》を食《た》べた。麟太郎《りんたろう》は、自分《じぶん》がどうして蘭学《らんがく》を学《まな》ぼうと思《おも》ったのか、利右衛門《りえもん》に話《はな》した。

ふたりの話《はなし》がはずんで、夕暮《ゆうぐ》れになった。

「いや、勝《かつ》さま。楽《たの》しい話《はなし》をありがとうございました」

そう言《い》って、帰《かえ》りがけに、利右衛門《りえもん》は、ふところから、二百両《りょう》の金《かね》をとりだした。

「勝《かつ》さま。これは、わずかではございますが、これで、ぜひ、お好《す》きな書物《しょもつ》をお買《か》いくださりませ」

「えっ？」

麟太郎《りんたろう》がとまどっていると、利右衛門《りえもん》は言《い》った。

「なに。勝《かつ》さまがお読《よ》みになって、要《い》らなくなったら、その書物《しょもつ》を、箱館《はこだて》まで送《おく》ってくだされば よいのです」

「利右衛門《りえもん》どの……」

麟太郎《りんたろう》の胸《むね》に、熱《あつ》いものがこみあげた。

「なに、これは、商人《しょうにん》の勘《かん》というやつです。勝《かつ》さまは、いずれ、えらいお方《かた》になられると、わたくしは思《おも》っております。お役《やく》に立《た》てれば、わたくしも、うれしゅうございます」

嘉永《かえい》三年《ねん》（一八五〇年《ねん》）。

利右衛門《りえもん》の二百両《りょう》を資金《しきん》にして、二十八歳《さい》の麟太郎《りんたろう》は、私塾《しじゅく》をひらくことにした。蘭学《らんがく》と兵学《へいがく》を教《おし》え、さらには、西洋式《せいようしき》の大砲《たいほう》や小銃《しょうじゅう》も造《つく》るという、これまで江戸《えど》になかった私《し》塾《じゅく》にするつもりだった。

しかし、塾《じゅく》の建物《たてもの》がまだ完成《かんせい》していなかった九月《がつ》四日《か》だった。父《ちち》の小吉《こきち》が、いよいよ寿《じゅ》命《みょう》をむかえた。

「麟太郎《りんたろう》。おれは、この世《よ》とおさらばするぜ」

小吉《こきち》は、かすれ声《ごえ》で、麟太郎《りんたろう》に言《い》った。

(父上《ちちうえ》……)

麟太郎《りんたろう》の胸《むね》に、熱《あつ》い思《おも》いが走《はし》った。

かつて、父《ちち》に肩車《かたぐるま》をしてもらって、浅草《あさくさ》の祭《まつ》りのなかを突《つ》っ走《ぱし》ったこと、そして、犬《いぬ》に噛《か》まれて、生死《せいし》の境《さかい》をさまよった自分《じぶん》を、毎晩《まいばん》、水垢離《みずごり》をした冷《つめ》たいからだで、抱《だ》いて寝《ね》てくれたこと……。

家《いえ》をほったらかし、好《す》き勝手《かって》、自由気《じゆうき》ままに生《い》きてきた父《ちち》だったが、麟太郎《りんたろう》への愛情《あいじょう》は、人並《ひとな》みはずれていたのだ。

「あばよ、麟太郎《りんたろう》。おめえは、馬鹿《ばか》なおれとちがって、えれえ男《おとこ》、天下《てんか》をすくう男《おとこ》になるんだぜ」

「父上《ちちうえ》っ……」

麟太郎《りんたろう》は涙《なみだ》をながして、父《ちち》の死《し》をみとった。

九　海舟塾《かいしゅうじゅく》

建物《たてもの》がついに完成《かんせい》した。

「よし、塾《じゅく》を立《た》ち上《あ》げるぞ」

麟太郎《りんたろう》は、いつの頃《ころ》からか「海舟《かいしゅう》」と名乗《なの》るようになっていた。佐久間象山《さくましょうざん》の「海舟書屋《かいしゅうしょおく》」という額《がく》から、とった名《な》だった。

「すごいぞ、あそこは」

「蘭学《らんがく》を教《おし》えるばかりか、大砲《たいほう》まで造《つく》る塾《じゅく》だそうだ」

海舟塾《かいしゅうじゅく》――海舟《かいしゅう》のつくった私塾《しじゅく》は、たちまち江戸《えど》で評判《ひょうばん》になり、多《おお》くの門弟《もんてい》たちがぞくぞくと入門《にゅうもん》してきて、活気《かっき》にあふれた。

「勝先生《かつせんせい》、唐津藩《からつはん》から、大砲《たいほう》の注文《ちゅうもん》がまいりました」

弟子《でし》の報告《ほうこく》に、海舟《かいしゅう》はうなずいた。

「おう、そうか」

「勝先生《かつせんせい》、ふたつの藩《はん》から、大砲《たいほう》が欲《ほ》しいと言《い》ってきました」

「そうか、そうか」

日《ひ》に日《ひ》に、注文《ちゅうもん》が増《ふ》え、海舟塾《かいしゅうじゅく》は活気《かっき》づいた。海舟《かいしゅう》は、塾生《じゅくせい》たちに蘭学《らんがく》と兵学《へいがく》を教《おし》えると同時《どうじ》に、大砲《たいほう》や銃砲製造《じゅうほうせいぞう》の指導《しどう》に明《あ》け暮《く》れた。

そんなある日《ひ》、築地《つきじ》の鋳物屋《いものや》である増田屋《ますだや》が、海舟《かいしゅう》に会《あ》いに来《き》た。

「勝《かつ》さま。ぜひ、唐津藩《からつはん》の大砲製造《たいほうせいぞう》の下請《したう》けを、わたくしのところで、させてくださりませ」

そう言《い》うと、増田屋《ますだや》は、風呂敷《ふろしき》につつんだ五百両《りょう》をさしだした。

「これは？」

海舟《かいしゅう》がたずねると、増田屋《ますだや》は平気《へいき》な顔《かお》で言《い》った。

「なに、わいろでございますよ」

わいろ？　五百両《りょう》も、わいろをくれるということは、つまりは、材料《ざいりょう》の銅《どう》をごまかして、粗悪《そあく》な大砲《たいほう》を造《つく》ることを、見逃《みのが》してくれというのか。

「増田屋《ますだや》、そいつはいけねえな」

海舟《かいしゅう》はぴしりと言《い》った。

「こんな金《かね》はいらねえよ。かわりに、良《よ》い銅《どう》を使《つか》って、いざというときに、日本《にほん》を守《まも》るための、りっぱな大砲《たいほう》を造《つく》ってくれ。いいな、増田屋《ますだや》」

増田屋《ますだや》は、冷《ひ》や汗《あせ》をながして、あやまった。

「悪《わる》い了見《りょうけん》（考《かんが》え）でございました。もうしわけありません、勝先生《かつせんせい》」


海舟塾《かいしゅうじゅく》の造《つく》る大砲《たいほう》は、すぐれている。わいろをことわって、良《よ》い銅《どう》を使《つか》って、しっかりとした大砲《たいほう》を造《つく》っている。

そうした評判《ひょうばん》がひろまり、海舟塾《かいしゅうじゅく》に、ひとりの人物《じんぶつ》がやって来《き》た。

幕府目付《ばくふめつけ》の大久保忠寛《おおくぼただひろ》だった。

「そなたが、海舟塾《かいしゅうじゅく》の、勝海舟《かつかいしゅう》か」

「はい」

「わしは、旗本《はたもと》をとりしまる目付《めつけ》だが、老中《ろうじゅう》の阿部正弘《あべまさひろ》さまから、海防掛《かいぼうがかり》もつとめよと言《い》われている」

大久保《おおくぼ》は、日本《にほん》の海《うみ》をどうやって守《まも》るか、海舟《かいしゅう》の意見《いけん》を聞《き》きにきたのだ。

「このままでは、日本《にほん》は、西洋《せいよう》にいいようにされてしまいます。そうされないためには、西洋《せいよう》におとらない海軍《かいぐん》を、一日《にち》も早《はや》く作《つく》り上《あ》げること。まずは、海軍養成所《かいぐんようせいじょ》を作《つく》って、西《せい》洋式《ようしき》の軍艦《ぐんかん》を造《つく》り、船員《せんいん》を育《そだ》てること……」

海舟《かいしゅう》は、日《ひ》ごろから考《かんが》えていることを、述《の》べた。

「勝《かつ》どの、貴重《きちょう》な意見《いけん》、しっかりと、うけたまわった」

大久保《おおくぼ》は、深《ふか》くうなずいて、帰《かえ》っていった。


そして、嘉永《かえい》六年《ねん》（一八五三年《ねん》）、日本中《にほんじゅう》に、激震《げきしん》がはしった。

アメリカのペリー提督《ていとく》にひきいられた、鉄板《てっぱん》で造《つく》られた「黒船《くろふね》」が四隻《せき》、浦賀沖《うらがおき》にやって来《き》たのだ。

「なんだ、なんだ」

「ありゃあ、海《うみ》に浮《う》かぶ鉄《てつ》の城《しろ》か」

「帆《ほ》もないのに、動《うご》いているぞ」

人々《ひとびと》は、おどろき、さわいだ。


来《き》たか、外国《がいこく》の軍艦《ぐんかん》が。

海舟《かいしゅう》は、さっそく門弟《もんてい》をひとり連《つ》れて、浦賀《うらが》へおもむいた。

蒸気《じょうき》で走《はし》る、真《ま》っ黒《くろ》い、巨大《きょだい》な船《ふね》が、四隻《せき》海《うみ》に浮《う》かんでいる。その姿《すがた》に、海舟《かいしゅう》は深《ふか》い感《かん》慨《がい》をいだいた。

「ソルダート・スコール」で、西洋《せいよう》の軍事技術《ぐんじぎじゅつ》ばかりか、その社会《しゃかい》と文化《ぶんか》をも学《まな》んだ麟《りん》太郎《たろう》には、「黒船《くろふね》」は、日本《にほん》に新《あたら》しい時代《じだい》をもたらす、黒《くろ》い嵐《あらし》のようなものに感《かん》じられた。

(これがきっかけになる。まずは、幕府《ばくふ》がかたくなに守《まも》ってきた「鎖国政策《さこくせいさく》」は、もはややめざるをえないだろうな……)

海舟《かいしゅう》は、それを確信《かくしん》した。

「あれが黒船《くろふね》ですか。勝先生《かつせんせい》、幕府《ばくふ》は、あんな軍艦《ぐんかん》に対抗《たいこう》できるのでしょうか?」

門弟《もんてい》のことばに、海舟《かいしゅう》は首《くび》をかしげた。

「さあてな」

海舟《かいしゅう》はつぶやいた。

「とうとう、やって来《き》たんだぜ。これから、時代《じだい》が大《おお》きく変《か》わっていく。幕府《ばくふ》が、あの黒《くろ》船《ふね》に屈《くっ》せず、新《あたら》しい時代《じだい》を迎《むか》えることができるかどうか。いや、これからは、幕府《ばくふ》だけで、時代《じだい》を乗《の》り切《き》るのはむずかしいだろうな。有力《ゆうりょく》な藩《はん》の力《ちから》を結集《けっしゅう》して、海軍《かいぐん》を作《つく》っていかなくちゃあ、なるまい……」

幕府《ばくふ》だけで、つぎの時代《じだい》をつくるのは、むずかしい。

黒船《くろふね》の姿《すがた》をじかに見《み》て、海舟《かいしゅう》の胸《むね》に、もやもやしていた思《おも》いが、はっきりとしてきた。

新《あたら》しい時代《じだい》をきりひらくには、幕府《ばくふ》だけでは、だめだ。全国《ぜんこく》の藩《はん》の力《ちから》を集《あつ》めなくてはならない……。


幕府《ばくふ》はあわてふためいた。

強力《きょうりょく》な大砲《たいほう》をそなえた外国《がいこく》の船《ふね》が、いつか到来《とうらい》するのではないか。おそれていたことが、ついに「黒船《くろふね》」のかたちをとって、やって来《き》たのだ。

「江戸幕府《えどばくふ》に、われらは、国交《こっこう》を要求《ようきゅう》する」

ペリーは、久里浜《くりはま》に上陸《じょうりく》して、国交《こっこう》を要求《ようきゅう》する、アメリカ大統領《だいとうりょう》の手紙《てがみ》を、幕府《ばくふ》にわたした。そして、来年《らいねん》の春《はる》に、返事《へんじ》を受《う》け取《と》りに来《く》ると言《い》い残《のこ》して、浦賀《うらが》を去《さ》っていった。

これまで、鎖国《さこく》をつづけてきた幕府《ばくふ》は、こまりはてた。

「国《くに》をひらけ、というのか」

「さて、どうすればよいのか」

若《わか》くして老中《ろうじゅう》になった阿部正弘《あべまさひろ》は、諸大名《しょだいみょう》や幕臣《ばくしん》に、意見《いけん》を求《もと》めることにした。七百通《つう》以上《いじょう》、あつまったが、そのなかに、海舟《かいしゅう》の「海防意見書《かいぼういけんしょ》」があった。

「この、勝海舟《かつかいしゅう》という者《もの》、なかなかの意見《いけん》を述《の》べておる」

阿部《あべ》は、目付《めつけ》の大久保《おおくぼ》に言《い》った。

「はっ。それがし、海舟《かいしゅう》の蘭学塾《らんがくじゅく》に行《い》き、じかにその意見《いけん》を聞《き》いております。身分《みぶん》は低《ひく》いのですが、幕府《ばくふ》にとって、すこぶる有為《ゆうい》な人材《じんざい》かと。その知識《ちしき》を、ぜひ役立《やくだ》たせたいと、思《おも》います」

「わかった。そうしてくれ」

阿部《あべ》はうなずいた。

十　長崎海軍伝習所《ながさきかいぐんでんしゅうじょ》

安政元年《あんせいがんねん》（一八五四年《ねん》）、三月三日《がつみっか》。

ペリーは、約束通《やくそくどお》り、浦賀《うらが》にあらわれた。昨年《さくねん》よりも、三隻《せき》増《ふ》えた、七隻《せき》の軍艦《ぐんかん》をひきいてきたのだ。もはや、あいまいな返答《へんとう》ではすまされなかった。

「やむをえぬ」

そこで、老中《ろうじゅう》の阿部正弘《あべまさひろ》は、アメリカと「日米和親条約《にちべいわしんじょうやく》」をむすんだ。

これは、下田《しもだ》、箱館《はこだて》のふたつの港《みなと》をアメリカにひらき、領事《りょうじ》の駐在《ちゅうざい》をみとめたものだった。貿易《ぼうえき》については、ふれられていない条約《じょうやく》だったが、寛永《かんえい》十六年《ねん》（一六三九年《ねん》）から、二百年《ねん》以上《いじょう》つづいた、幕府《ばくふ》の鎖国《さこく》は、このとき終《お》わったのだ。

「アメリカとむすんだのなら、われらとも、同《おな》じ条約《じょうやく》をむすんでほしい」

ほかの国《くに》が幕府《ばくふ》に要求《ようきゅう》し、こうして、同《おな》じ和親条約《わしんじょうやく》が、イギリス、ロシア、オランダとももむすばれた。


安政《あんせい》二年《ねん》（一八五五年《ねん》）、一月《がつ》十八日《にち》。

三十三歳《さい》の海舟《かいしゅう》のもとに、大久保忠寛《おおくぼただひろ》から、迎《むか》えが来《き》た。

「勝《かつ》どの、この困難《こんなん》な時期《じき》、ぜひ、そなたの力《ちから》を幕府《ばくふ》に貸《か》してほしい」

大久保《おおくぼ》は海舟《かいしゅう》にたのんだ。

「わかりました。それがしのできることなら、手伝《てつだ》いをいたします」

自分《じぶん》を理解《りかい》してくれる大久保《おおくぼ》の、たっての頼《たの》みを、海舟《かいしゅう》は、ことわらなかった。まずは、役目《やくめ》として、蘭書《らんしょ》の翻訳《ほんやく》をひきうけることになった。

「ふっ、このおれが、蘭書《らんしょ》を訳《やく》する、幕府《ばくふ》の正式《せいしき》な役人《やくにん》になるとはな」

海舟《かいしゅう》は思《おも》った。


一月《がつ》二十三日《にち》。

海防目付《かいぼうめつけ》の大久保《おおくぼ》とともに、海舟《かいしゅう》は、伊勢《いせ》や大坂《おおさか》の海岸《かいがん》を見《み》まわった。

四月《がつ》に江戸《えど》にもどり、それから、七月《がつ》には、新《あたら》しく作《つく》られる長崎海軍伝習所《ながさきかいぐんでんしゅうじょ》に、幹部《かんぶ》として行《い》くことになった。

「いよいよ、海軍伝習所《かいぐんでんしゅうじょ》ができるぞ」

海舟《かいしゅう》の胸《むね》はふくらんだ。

幕府《ばくふ》での役職《やくしょく》が決《き》まると同時《どうじ》に、海舟《かいしゅう》は、それまでの四十石小普請組《こくこぶしんぐみ》の身分《みぶん》から、百石《こく》取《ど》りの小十人組《こじゅうにんぐみ》に出世《しゅっせ》した。

「よう、ござりましたね」

お民《たみ》はよろこんだ。

「お民《たみ》、すこしは、暮《く》らしが楽《らく》になるな」

九月一日《がつついたち》の朝《あさ》、海舟《かいしゅう》は玄関《げんかん》に立《た》つと、気軽《きがる》な口調《くちょう》で、お民《たみ》に言《い》った。

「お民《たみ》、ちょっと行《い》ってくるぜ」

見送《みおく》るお民《たみ》は、たずねた。

「どちらまで？」

「なに、そこまでさ」

そう言《い》うと、海舟《かいしゅう》は赤坂田町《あかさかたまち》の家《いえ》を出《で》て行《い》った。そして、その日《ひ》に、江戸《えど》を離《はな》れ、長崎《ながさき》へと向《む》かった。


十月二十日《がつはつか》に、海舟《かいしゅう》は長崎《ながさき》へ着《つ》いた。

「ここか、伝習所《でんしゅうじょ》は」

海軍伝習所《かいぐんでんしゅうじょ》は、長崎出島《ながさきでじま》の前《まえ》につくられていた。

「ようし、これまで学《まな》んできた蘭学《らんがく》と兵学《へいがく》の知識《ちしき》が、ぞんぶんに生《い》かせるぜ」

長崎講武所《ながさきこうぶしょ》の砲術師範役《ほうじゅつしはんやく》を命《めい》じられて、海舟《かいしゅう》は、はりきった。

総監督《そうかんとく》は、海防掛目付《かいぼうがかりめつけ》の永井尚志《ながいなおむね》で、幕府《ばくふ》からは、幹部《かんぶ》の海舟《かいしゅう》はじめ七十名《めい》、諸藩《しょはん》からは百三十名《めい》の伝習生《でんしゅうせい》があつまっていた。

授業《じゅぎょう》は、八科目《かもく》だった。

航海術《こうかいじゅつ》、造船学《ぞうせんがく》、砲術《ほうじゅつ》、測量《そくりょう》、数学《すうがく》、物理《ぶつり》、化学《かがく》、蒸気機関学《じょうききかんがく》の八科《か》にくわえて、船《ふね》にのりこんでの訓練《くんれん》まで、すべてオランダ語《ご》だった。伝習生《でんしゅうせい》たちは、休《やす》みは一月一日《がっついたち》だけという、猛勉強《もうべんきょう》をしいられた。

「勝先生《かつせんせい》、通訳《つうやく》をお願《ねが》いします」

オランダ語《ご》がわかるのは、海舟《かいしゅう》ひとりだったので、オランダ人教官《じんきょうかん》のことばを、海舟《かいしゅう》が通訳《つうやく》することで、授業《じゅぎょう》は進《すす》んでいった。

安政三年《あんせいさんねん》(一八五六年《ねん》)、駐日総領事《ちゅうにちそうりょうじ》として、アメリカのハリスが下田《しもだ》に上陸《じょうりく》した。

「日米通商条約《にちべいつうしょうじょうやく》をむすびたい」

ハリスは、幕府《ばくふ》に要求《ようきゅう》した。

「ぐずぐずしていると、となりの清国《しんこく》(中国《ちゅうごく》)のようになりますぞ」

と、ハリスは幕府《ばくふ》をおどした。

清国《しんこく》は、がんこに鎖国《さこく》を守《まも》ろうとして、イギリス、フランスの連合軍《れんごうぐん》と戦《たたか》って敗《やぶ》れ、外国《がいこく》にいいように侵略《しんりゃく》されていたのだ。

「ううむ、このような大事《だいじ》なことは、幕府《ばくふ》だけでは決《き》められない」

幕府《ばくふ》は、京都《きょうと》の朝廷《ちょうてい》に、ゆるしを得《え》ようと働《はたら》きかけた。しかし、そのときの朝廷《ちょうてい》は、外《がい》国《こく》との通商条約《つうしょうじょうやく》に、強《つよ》く反対《はんたい》していた。

このころ、国内《こくない》は、大《おお》きくふたつに分《わ》かれていた。

「このさい、国《くに》をひらいて、通商条約《つうしょうじょうやく》をむすぶべきだ」

と主張《しゅちょう》する、開国派《かいこくは》に対《たい》して、

「外国人《がいこくじん》を国《くに》に入《い》れるな。力《ちから》ずくで、追《お》いはらえ」

と主張《しゅちょう》する、攘夷派《じょういは》とが、たがいに争《あらそ》っていたのだ。

そして、このふたつの派《は》は、自分《じぶん》たちの正《ただ》しさを主張《しゅちょう》するあまり、その争《あらそ》いは、日《ひ》に日《ひ》に、はげしさを増《ま》し、ついには殺《ころ》し合《あ》いをするまでに、なっていた。

長崎《ながさき》の海軍伝習所《かいぐんでんしゅうじょ》での二年《ねん》の教育《きょういく》が終《お》わった。

江戸《えど》の築地《つきじ》に、軍艦教授所《ぐんかんきょうじゅしょ》ができたので、長崎《ながさき》の一期生《きせい》たちは、そちらへ移《うつ》るか、各藩《かくはん》に帰《かえ》っていくことになった。

しかし、海舟《かいしゅう》は、帰《かえ》らなかった。

「おれは、長崎《ながさき》に残《のこ》るぜ」

そう言《い》って、ほかの十人《にん》と、長崎《ながさき》に残《のこ》った。そのひとりには、のちに箱館《はこだて》に新政府《しんせいふ》をつくって、官軍《かんぐん》に抵抗《ていこう》することになった榎本武揚《えのもとたけあき》もいた。

「もうすぐ、おれたちの軍艦《ぐんかん》がやって来《く》るからな」

海舟《かいしゅう》は、長崎《ながさき》の伝習生《でんしゅうせい》たちが図面《ずめん》をひいて、いまオランダで造《つく》ってもらっている軍艦《ぐんかん》を待《ま》ちたかったのだ。


「来《き》たぞ」

安政《あんせい》四年《ねん》（一八五七年《ねん》）の夏《なつ》だった。海舟《かいしゅう》たちが待《ま》ちに待《ま》った軍艦《ぐんかん》、咸臨丸《かんりんまる》がオランダから長崎《ながさき》にやって来《き》た。

「日本《にほん》の軍艦《ぐんかん》、第一号《だいいちごう》だぜ」

海舟《かいしゅう》は手《て》を打《う》って、よろこんだ。

「われらの軍艦《ぐんかん》、咸臨丸《かんりんまる》だ」

「とうとう、願《ねが》いがかなったぞ」

伝習所《でんしゅうじょ》の生徒《せいと》たちはよろこび勇《いさ》んで、毎日《まいにち》、咸臨丸《かんりんまる》に乗《の》って、訓練《くんれん》に明《あ》け暮《く》れた。

しかし、秋《あき》に、遠洋航海《えんようこうかい》に出《で》たときのことだった。すさまじい暴風雨《ぼうふうう》がおそってきたのだ。船《ふね》はゆれにゆれ、いまにも転覆《てんぷく》しそうになった。

「もう、だめだ」

「勝先生《かつせんせい》、船《ふね》が沈《しず》みます」

「もう、持《も》ちませんっ」

船員《せんいん》たちは、悲鳴《ひめい》をあげた。だが、艦長《かんちょう》の海舟《かいしゅう》は、船員《せんいん》たちをしかり飛《と》ばした。

「しっかりしろ。おめえら、持《も》ち場《ば》を離《はな》れるな。なあに、死《し》ぬときは死《し》ぬまでさ。だがな、おれたちは、こんなことで死《し》にゃしねえよ」

やがて、嵐《あらし》がおさまり、海舟《かいしゅう》たちはぶじに長崎《ながさき》にもどることができた。

安政五年《あんせいねん》（一八五八年《ねん》）、海舟《かいしゅう》は、ひそかに、ある決意《けつい》をかためていた。

咸臨丸《かんりんまる》に乗《の》って、九州《きゅうしゅう》の各地《かくち》をまわっていったあと、行《い》く先《さき》を、薩摩《さつま》に向《む》けたのだ。

（島津斉彬公《しまづなりあきらこう》に会《あ》いたい）

海舟《かいしゅう》には、その思《おも》いがあった。

薩摩《さつま》七十七万石《ごく》の藩主《はんしゅ》である、島津斉彬《しまづなりあきら》は、諸大名《しょだいみょう》のなかで、きわだって賢明《けんめい》な藩主《はんしゅ》として知《し》られていた。

いちはやく西洋《せいよう》の文明《ぶんめい》をとりいれ、蒸気船《じょうきせん》や大砲《たいほう》、紡績工場《ぼうせきこうじょう》、反射炉《はんしゃろ》、ガラス工場《こうじょう》などを、他藩《たはん》にさきがけて、つくっていたのである。

しかし、薩摩藩《さつまはん》は、幕府《ばくふ》にとっては、やっかいな藩《はん》だった。幕府《ばくふ》の方針《ほうしん》にたいして、かなり批判的《ひはんてき》なところがあったからだ。このため、幕府《ばくふ》はひそかに隠密《おんみつ》を送《おく》りこんで、薩摩《さつま》の動向《どうこう》を探《さぐ》ろうとしていたが、隠密《おんみつ》はことごとく斬《き》られてしまっていた。

「勝先生《かつせんせい》、薩摩《さつま》に行《い》くのは、あまりに危険《きけん》です」

船員《せんいん》たちは、海舟《かいしゅう》を止《と》めようとした。

「薩摩《さつま》は、日《ひ》ごろから、幕府《ばくふ》のやりかたを批判《ひはん》しています。もしも、われら幕臣《ばくしん》がのこのこと行《い》ったら、すぐに捕《と》らえられて、処刑《しょけい》されてしまいます」

海舟《かいしゅう》は、手《て》を横《よこ》に振《ふ》って、言《い》った。

「そんなことには、ならねえよ。斉彬公《なりあきらこう》は、英明《えいめい》なお方《かた》だぜ。昨年《さくねん》に亡《な》くなった老中《ろうじゅう》の阿《あ》部正弘《べまさひろ》さまとも、親《した》しくなさっていたんだぜ。心配《しんぱい》するな。そんなお方《かた》が、無茶《むちゃ》なことは、なさらねえよ」

三月《がつ》十五日《にち》、咸臨丸《かんりんまる》は、船員《せんいん》たちが不安《ふあん》におののくなか、鹿児島湾《かごしまわん》にのぞむ山川港《やまがわこう》へ着《つ》いた。

「さあ、船《ふね》を降《お》りるぜ」

海舟《かいしゅう》は言《い》った。

「でも、だいじょうぶでしょうか」

船員《せんいん》たちはしりごみした。

「おめえら、なにをこわがっているんだ。だいじょうぶだよ」

海舟《かいしゅう》に説得《せっとく》され、一行《いっこう》は、山川港《やまがわこう》へ上陸《じょうりく》した。すると、たちまち薩摩《さつま》の鉄砲隊《てっぽうたい》が、一行《いっこう》をとりかこんだ。へたな動《うご》きをすれば、いまにも、鉄砲《てっぽう》で撃《う》たれそうだった。

「だから、薩摩《さつま》はあぶないと、勝先生《かつせんせい》に申《もう》しあげたのに」

「こんなところで、死《し》にたくない」

船員《せんいん》たちが泣《な》きごとをつぶやいた。

そのときだった。

「ものども、ひかえよっ」

斉彬《なりあきら》が馬《うま》を走《はし》らせて来《き》たのだ。たまたま近《ちか》くの温泉《おんせん》に来《き》ていた斉彬《なりあきら》が、咸臨丸《かんりんまる》が来《き》たことを聞《き》いて、いそいでやって来《き》たのだ。

「勝海舟《かつかいしゅう》は、どこにいるか」

斉彬《なりあきら》はさけんだ。

(あれが、斉彬公《なりあきらこう》か)

海舟《かいしゅう》は、進《すす》み出《で》て、あいさつした。

「それがしが、勝海舟《かつかいしゅう》でございます」

斉彬《なりあきら》は海舟《かいしゅう》を見《み》て、笑《え》みを浮《う》かべて、うなずいた。

「そなたか。幕臣《ばくしん》に、勝海舟《かつかいしゅう》という快男児《かいだんじ》がいる。大砲《たいほう》づくりの塾《じゅく》をひらき、歯《は》に衣着《きぬき》せぬ言動《げんどう》で、上役《うわやく》からは、けむたがられているが、たいそう頭《あたま》が切《き》れる。そのようなうわさを、聞《き》いておるぞ」

海舟《かいしゅう》はおどろいた。

（斉彬公《なりあきらこう》が、自分《じぶん》のことを、そこまで知《し》っているとは）

海舟《かいしゅう》は頭《あたま》をさげた。

「それがしのような者《もの》のことを、そのように言《い》ってくださるとは、まことに痛《いた》みいります」


海舟《かいしゅう》と斉彬《なりあきら》の話《はなし》は、港《みなと》の近《ちか》くの茶屋《ちゃや》で、ふたりきりで行《おこな》われた。

「勝《かつ》よ、これからの日本《にほん》は、どうなると思《おも》う？」

ぐいっと茶《ちゃ》をのみほしてから、斉彬《なりあきら》は、まっすぐに海舟《かいしゅう》を見据《みす》えて、問《と》うた。海舟《かいしゅう》はうなずいて、答《こた》えた。

「されば、遠慮《えんりょ》なく申《もう》しあげます。道《みち》をあやまれば、ほろびる。そのような、あやういところに、いまの日本《にほん》はいると思《おも》われます」

「では、どうすれば、道《みち》をあやまらずに、すむと思《おも》うか？」

海舟《かいしゅう》は、ずばり言《い》った。

「いまの幕府《ばくふ》のやり方《かた》では、日本《にほん》は、持《も》ちこたえられませぬ」

それは、しだいに海舟《かいしゅう》がいだくようになってきた考《かんが》えだった。

日本《にほん》は、世界《せかい》に国《くに》をひらいて、新《あたら》しく生《う》まれ変《か》わらなければならない。しかし、いまの幕府《ばくふ》には、それを推《お》しすすめる力《ちから》が欠《か》けている。それを行《おこな》えるのは、薩摩《さつま》や長州《ちょうしゅう》、土佐《とさ》、越前《えちぜん》といった有力《ゆうりょく》な藩《はん》だ。これらの藩《はん》が力《ちから》をあわせて、日本《にほん》の未来《みらい》をきりひらかなくてはならない。

斉彬《なりあきら》はおどろいた顔《かお》で、海舟《かいしゅう》を見《み》やった。

「ほう、そなたは、幕臣《ばくしん》ではないのか?」

幕府《ばくふ》につかえる者《もの》でありながら、なぜ、幕府《ばくふ》をかばおうとしないのか?

斉彬《なりあきら》は、そうたずねていたのだ。

海舟《かいしゅう》は、うなずいた。

「そうです。勝《かつ》は、幕臣《ばくしん》です。されど、幕臣《ばくしん》として、いまの幕府《ばくふ》の行《ゆ》く先《さき》が案《あん》じられてなりませぬ。いまの幕府《ばくふ》には、斉彬《なりあきら》さまのような、時代《じだい》をみすえて、時代《じだい》を先取《さきど》りしていく人材《じんざい》がおりませぬ。まことに、おぼつかないことです」

斉彬《なりあきら》はかすかに笑《え》みを浮《う》かべて、言《い》った。

「勝《かつ》、そなたが、幕府《ばくふ》にもの申《もう》せばよいではないか」

海舟《かいしゅう》は、笑《わら》った。

「そうはいきませぬ。いまの幕政《ばくせい》は、勝《かつ》のような身分《みぶん》の低《ひく》い者《もの》の意見《いけん》をとりいれるような体制《たいせい》には、なっておりません」

「もったいないことだな。そなたのような能力《のうりょく》のある者《もの》を、使《つか》いこなせないとはな」

それから、斉彬《なりあきら》は言《い》った。

「ところで、勝《かつ》。わが薩摩《さつま》にも、身分《みぶん》は低《ひく》いが、そなたのようにすぐれた人材《じんざい》が、おるぞ。西郷吉之助《さいごうきちのすけ》（後《のち》の西郷隆盛《さいごうたかもり》）という男《おとこ》だ」

「西郷吉之助《さいごうきちのすけ》どの、でございますか」

海舟《かいしゅう》は、その名《な》を頭《あたま》に焼《や》きつけた。

「吉之助《きちのすけ》は、いずれ薩摩藩《さつまはん》を背負《せお》う男《おとこ》に、かならず、なるであろう。そして、吉之助《きちのすけ》とそなたは、重大《じゅうだい》な局面《きょくめん》で、会《あ》うことになろう」

斉彬《なりあきら》は、まるで未来《みらい》の光景《こうけい》を見《み》たかのように、言《い》った。

十一　安政《あんせい》の大獄《たいごく》

同《おな》じ安政《あんせい》五年《ねん》（一八五八年《ねん》）、井伊直弼《いいなおすけ》が大老《たいろう》となった。

このとき、幕府《ばくふ》は、おおきな問題《もんだい》をかかえて、こまりはてていた。ひとつは、つぎの将軍選《しょうぐんえら》びだった。

いまの将軍家定《しょうぐんいえさだ》には、実子《じっし》がいなかった。そこで、徳川斉昭《とくがわなりあき》の子《こ》、一橋慶喜《ひとつばしよしのぶ》を推《お》す「一橋派《ひとつばしは》」と、紀州藩主《きしゅうはんしゅ》の徳川慶福《とくがわよしとみ》を押《お》す「南紀派《なんきは》」と、ふたつの派《は》にわかれて争《あらそ》っていたのだ。

一橋派《ひとつばしは》は、「これまでのように幕府《ばくふ》だけでまつりごとを行《おこな》うのではなく、有力《ゆうりょく》な藩《はん》が集《あつ》まり、力《ちから》をあわせて政策《せいさく》をすすめるべきで、外国《がいこく》は追《お》いはらえ」と主張《しゅちょう》した。

南紀派《なんきは》は、「これまで通《どお》り、幕府《ばくふ》だけで政策《せいさく》を決《き》めるべきだ。そして、外国《がいこく》を追《お》いはらうのではなく、開国《かいこく》しなくてはならぬ」と主張《しゅちょう》していた。

このふたつの派《は》が争《あらそ》っているのにくわえ、幕府《ばくふ》のかかえていた問題《もんだい》は、アメリカの総領《そうりょう》事《じ》ハリスが、「さあ、日米修好通商条約《にちべいしゅうこうつうしょうじょうやく》をむすべ。いやなら、力《ちから》ずくでもむすばせるぞ」

と、せまっていることだった。

幕府内《ばくふない》は、重臣《じゅうしん》たちのあいだで、意見《いけん》がわかれ、すぐにハリスへの返答《へんとう》ができなかった。

そこで、幕府《ばくふ》は考《かんが》えた。

「まずは、朝廷《ちょうてい》のゆるしをもらってからにしよう」

幕府《ばくふ》は、老中《ろうじゅう》の堀田正睦《ほったまさよし》を朝廷《ちょうてい》に送《おく》り、条約締結《じょうやくていけつ》のゆるしをえようとした。

しかし、外国《がいこく》の勢力《せいりょく》が日本《にほん》に入《はい》ってくるのをきらう孝明天皇《こうめいてんのう》と、まわりの公卿《くぎょう》たちは、アメリカとの条約締結《じょうやくていけつ》を、だんじて、ゆるそうとはしなかった。

「幕府《ばくふ》は、なにを迷《まよ》っておるのか。異国《いこく》と通商条約《つうしょうじょうやく》をむすぶなど、あってはならぬことではないか」

朝廷《ちょうてい》のゆるしをえられず、堀田《ほった》がしょんぼりと江戸《えど》にもどってきたとき、大老《たいろう》の井伊直弼《いいなおすけ》は決《き》めた。

「いちいち朝廷《ちょうてい》のゆるしなど、いらぬ。すべて、これまで通《どお》り、だいじなまつりごとは、幕府《ばくふ》が決《き》めればよいのだ」

井伊《いい》はそう言《い》いはなち、日米修好通商条約《にちべいしゅうこうつうしょうじょうやく》に調印《ちょういん》したのだ。

しかし、港《みなと》や市《し》を外国《がいこく》に開放《かいほう》し、自由貿易《じゆうぼうえき》を推進《すいしん》しようとするこの通商条約《つうしょうじょうやく》は、問題《もんだい》があった。外国《がいこく》との交渉《こうしょう》になれていないという弱点《じゃくてん》をつかれ、公正《こうせい》な条約《じょうやく》ではなかった。

それは、「治外法権《ちがいほうけん》」（外国人《がいこくじん》が、滞在《たいざい》している国《くに》の法律《ほうりつ》に裁《さば》かれない権利《けんり》）をみとめるとともに、「関税自主権《かんぜいじしゅけん》」（国家《こっか》が自主的《じしゅてき》に関税《かんぜい》を決《き》められる権利《けんり》）もない、不平等《ふびょうどう》きわまりない条約《じょうやく》だった。

井伊《いい》は、それを強行《きょうこう》した。

「なに、かまわぬ」

つづいて、ロシア、オランダ、イギリス、フランスと同《おな》じものがむすばれ、これらは「安政五か国条約《あんせいごかこくじょうやく》」と呼《よ》ばれるようになった。

さらに、井伊《いい》は、「一橋派《ひとつばしは》」と「南紀派《なんきは》」とで争《あらそ》っていた、つぎの将軍選《しょうぐんえら》びを、「南紀派《なんきは》」のおす、紀州《きしゅう》の徳川慶福《とくがわよしとみ》と決《き》めてしまった。

「なんという独断《どくだん》」

「ゆるさぬぞ、井伊直弼《いいなおすけ》め」

攘夷派《じょういは》と、一橋派《ひとつばしは》は、井伊直弼《いいなおすけ》のやり方《かた》に、はげしい怒《いか》りを抱《いだ》いた。これに対《たい》し、井伊《いい》は弾圧《だんあつ》をはじめた。

「幕府《ばくふ》のやり方《かた》に、したがわぬとは、なにごとか」

十月《がつ》に、家定《いえさだ》が死《し》に、慶福《よしとみ》が十三歳《さい》で、第十四代将軍《だいしょうぐん》、徳川家茂《とくがわいえもち》となった。それを機会《きかい》に、井伊《いい》は、一橋派《ひとつばしは》の徳川斉昭《とくがわなりあき》、一橋慶喜《ひとつばしよしのぶ》、越前藩主《えちぜんはんしゅ》の松平慶永《まつだいらよしなが》らを、罰《ばっ》した。

「攘夷派《じょういは》のおもだった者《もの》たちは、牢《ろう》に入《い》れよ」

井伊《いい》は命《めい》じた。そして、攘夷派《じょういは》の中心《ちゅうしん》となっていた梅田雲浜《うめだうんぴん》、吉田松陰《よしだしょういん》、橋本左内《はしもとさない》らを、かたっぱしからとらえて、投獄《とうごく》していった。

のちに「安政《あんせい》の大獄《たいごく》」と呼《よ》ばれる弾圧《だんあつ》のはじまりだった。


安政《あんせい》六年《ねん》（一八五九年《ねん》）、一月《がつ》十五日《にち》。

「ようし、江戸《えど》に帰《かえ》ってきたぞ」

海舟《かいしゅう》は、三年《ねん》四ヶ月《げつ》の年月《ねんげつ》を過《す》ごした長崎《ながさき》から、江戸《えど》にもどってきた。待《ま》っていた役目《やくめ》は、築地《つきじ》の軍艦操練所《ぐんかんそうれんじょ》の教授方頭取《きょうじゅかたとうどり》というものだった。

「あなた、麟太郎《りんたろう》がえらくなって、長崎《ながさき》から帰《かえ》ってきましたよ」

母《はは》のお信《のぶ》は、亡《な》き小吉《こきち》の位牌《いはい》に向《む》かって、手《て》をあわせて、報告《ほうこく》した。

「ちょっと、そこまでと言《い》うから、ほんとうにそう思《おも》っていたのに、長崎《ながさき》に三年《ねん》あまりも行《い》ってしまうなんて」

妻《つま》のお民《たみ》はそう言《い》って、海舟《かいしゅう》を責《せ》めた。

「すまん、すまん。まあ、ゆるしてくれ。これからは、江戸《えど》にいるから」

海舟《かいしゅう》は妻《つま》にあやまった。


こうして、海舟《かいしゅう》は、毎日《まいにち》、赤坂《あかさか》の家《いえ》から、築地《つきじ》の軍艦操練所《ぐんかんそうれんじょ》へ通《かよ》うことになったが、このころ、大獄《たいごく》の嵐《あらし》はさらにはげしくなり、梅田《うめだ》が獄死《ごくし》し、松陰《しょういん》、左内《さない》らがつぎつぎと処刑《しょけい》されていった。

「井伊《いい》の赤鬼《あかおに》め」

「あやつは、国賊《こくぞく》だ」

攘夷派《じょういは》の武士《ぶし》たちは、井伊直弼《いいなおすけ》にたいして、はげしく反発《はんぱつ》した。

さらには開国《かいこく》した影響《えいきょう》がすぐにあらわれ、国内《こくない》の経済《けいざい》が大混乱《だいこんらん》し、貧《まず》しい武士《ぶし》や庶民《しょみん》の暮《く》らしが苦《くる》しくなった。

「これではいけない」

「まつりごとを朝廷《ちょうてい》に返《かえ》して、外敵《がいてき》を追《お》い返《かえ》せ」

「いまの幕府《ばくふ》では、日本《にほん》はたちゆかない。幕府《ばくふ》をたおせ」

下級武士《かきゅうぶし》たちのあいだで、不満《ふまん》が高《たか》まり、いまや、はっきりと幕府《ばくふ》をたおそうとする、尊王攘夷運動《そんのうじょういうんどう》がはじまったのである。

「勝海舟《かつかいしゅう》、あいつも、国賊《こくぞく》だ」

軍艦操練所《ぐんかんそうれんじょ》の頭取《とうどり》である海舟《かいしゅう》も、開国派《かいこくは》のひとりとして、過激《かげき》な攘夷派《じょういは》から、ねらわれるようになった。

しかし、海舟《かいしゅう》は気《き》にしなかった。

「なあに、おれなんか、だれも手《て》を出《だ》さねえよ」

攘夷派《じょういは》の浪人《ろうにん》たちから、ひそかにねらわれていることを知《し》っても、海舟《かいしゅう》は平気《へいき》だった。

「いざとなれば、おれには、免許皆伝《めんきょかいでん》の腕《うで》があるんだぜ」

そして、井伊直弼《いいなおすけ》が調印《ちょういん》した日米修好通商条約《にちべいしゅうこうつうしょうじょうやく》をしあげるために、アメリカへの使節派遣《しせつはけん》が行《おこな》われることになった。

使節団《しせつだん》をむかえるため、アメリカから、二千四百十五トンの軍艦《ぐんかん》、ポーハタン号《ごう》がやって来《く》ることになり、それを護衛《ごえい》していくのに、日本《にほん》の軍艦《ぐんかん》、咸臨丸《かんりんまる》が選《えら》ばれた。

「勝《かつ》どの、咸臨丸《かんりんまる》で、アメリカへ行《い》っていただきたい」

大久保《おおくぼ》にたのまれ、海舟《かいしゅう》はよろこんだ。

(ようし、アメリカに行《い》くぞ。いったい、西洋《せいよう》がどうなっているのか、この目《め》で、とっくり見《み》てきてやる)

海舟《かいしゅう》は、うなずいた。

「しょうちしました」

「勝《かつ》どの。咸臨丸《かんりんまる》は、軍艦《ぐんかん》とはいえ、六百二十五トンと小《ち》さい。そんな船《ふね》で、太平洋《たいへいよう》をわたれるのかという声《こえ》や、乗組員《のりくみいん》が日本人《にほんじん》だけで、はたしてだいじょうぶなのか。そうした声《こえ》もあるが……」

大久保《おおくぼ》のことばに、海舟《かいしゅう》は首《くび》を振《ふ》って、言《い》った。

「心配《しんぱい》はいりません。この勝《かつ》に、おまかせください。日本海軍《にほんかいぐん》の名誉《めいよ》のためにも、かならず成功《せいこう》させてみせます」


そして、海舟《かいしゅう》は江戸城《えどじょう》に召《め》しだされた。

（ついに、将軍《しょうぐん》とお目見《めみ》えか）

海舟《かいしゅう》は思《おも》った。

かつて、身分《みぶん》の低《ひく》い御家人《ごけにん》のときには、かなわないことだったが、いまや海舟《かいしゅう》は出世《しゅっせ》し、堂々《どうどう》と将軍《しょうぐん》に会《あ》える身《み》となったのだ。

（おやじが生《い》きていたら、どんなによろこんだかな）

まだ十四歳《さい》の少年将軍《しょうねんしょうぐん》、家茂《いえもち》は、どこか初之丞《はつのじょう》を思《おも》わせる、すこし気《き》の弱《よわ》そうな、やさしいおもざしをしていた。

（ほう。なんという、お人柄《ひとがら》のよさか）

その顔《かお》を見《み》て、海舟《かいしゅう》は、いっぺんで、家茂《いえもち》のことが気《き》に入《い》ってしまった。

「勝《かつ》、日本海軍《にほんかいぐん》による太平洋横断《たいへいようおうだん》は、初《はじ》めてとか。それは、まことか」

家茂《いえもち》はおだやかに言《い》った。

「はっ、さようでございます。日本人《にほんじん》だけで、太平洋《たいへいよう》をわたるのは、この咸臨丸《かんりんまる》が初《はじ》めてでございます」

海舟《かいしゅう》は言《い》った。

「では、心配《しんぱい》はいらぬのだな」

「はっ」

「わかった。勝《かつ》、そなたにまかせたぞ」

家茂《いえもち》はほほえんで、言《い》った。

「ははっ」

海舟《かいしゅう》は、このとき、思《おも》った。

（この若《わか》い将軍《しょうぐん》は、なかなかいい。このお人《ひと》のためなら、命《いのち》をかけてもいい）

十二　咸臨丸《かんりんまる》でアメリカへ

　こうして海舟《かいしゅう》は、咸臨丸《かんりんまる》の艦長《かんちょう》として、アメリカにわたることになった。

　軍艦奉行《ぐんかんぶぎょう》は、木村摂津守《きむらせっつのかみ》で、派遣《はけん》される人員《じんいん》は、九十六名《めい》だった。そのなかには、のちに慶応義塾《けいおうぎじゅく》をひらいた福沢諭吉《ふくざわゆきち》や、「ジョン万次郎漂流記《まんじろうひょうりゅうき》」に書《か》かれた中浜万次郎《なかはままんじろう》がいた。

　万延元年《まんえんがんねん》（一八六〇年《ねん》）、一月《がつ》十三日《にち》。

　あいにく海舟《かいしゅう》は、数日前《すうじつまえ》から風邪《かぜ》をひいていた。その日《ひ》になっても、熱《ねつ》がさがらなかったのだ。しかし、もはや渡航《とこう》のときがせまっていた。

（ちっ、若《わか》いころには、あんなに鍛《きた》えていた体《からだ》のおれが、ここぞというときに、風邪《かぜ》をひくなんて、しょうがねえなあ）

　海舟《かいしゅう》は熱《ねつ》をおして起《お》き上《あ》がると、すばやく着替《きが》えた。そして、玄関口《げんかんぐち》で、お民《たみ》に言《い》った。

「ちょっと、行《い》ってくるぞ」

「あなた、お熱《ねつ》があるのに、どこまで行《い》かれるのですか?」

お民《たみ》がたずねた。

「なに、そこまでさ」

海舟《かいしゅう》はいつもの調子《ちょうし》で言《い》うと、玄関《げんかん》を出《で》て、船《ふね》の待《ま》つ品川《しながわ》に向《む》かった。

(海《うみ》に出《で》たら、熱《ねつ》なんか、あっという間《ま》に、ひいてしまうさ)


品川沖《しながわおき》には、咸臨丸《かんりんまる》が待《ま》っていた。

(いよいよだ。いよいよ、太平洋《たいへいよう》をわたるぞ)

海舟《かいしゅう》は、熱《ねつ》ではなく、からだがふるえるのを感《かん》じた。

「ようし、出発《しゅっぱつ》だ」

乗組員全員《のりくみいんぜんいん》を乗《の》せた咸臨丸《かんりんまる》が、品川《しながわ》を出航《しゅっこう》した。

横浜《よこはま》で石炭《せきたん》を積《つ》み、浦賀《うらが》で、飲《の》み水《みず》や野菜《やさい》を積《つ》みこみ、十九日《にち》に、太平洋《たいへいよう》に向《む》かって、船出《ふなで》した。

しかし、その航海《こうかい》は、順調《じゅんちょう》なものではなかった。嵐《あらし》につぐ嵐《あらし》で、船員《せんいん》たちは船酔《ふなよ》いし、

へとへとのありさまになったのだ。

二月《がつ》二十六日《にち》。

品川《しながわ》を出《で》て、四十四日《にち》。九千八百キロの荒波《あらなみ》をのりきって、ついに、咸臨丸《かんりんまる》がサンフランシスコについたのだ。

「アメリカだぞっ」

乗組員《のりくみいん》は歓声《かんせい》をあげた。

「ようし、この目《め》で、アメリカというやつを、しっかりと見《み》てやるぜ」

海舟《かいしゅう》は思《おも》った。

アメリカでは、蒸気機関車《じょうききかんしゃ》や、ミシン、ガス灯《とう》など、見《み》るもの、聞《き》くもの、すべてがめずらしいものばかりだった。

海舟《かいしゅう》たちは、新聞社《しんぶんしゃ》や造船所《ぞうせんじょ》、病院《びょういん》、印刷所《いんさつじょ》、劇場《げきじょう》など、かたっぱしから、見学《けんがく》していった。そして、海舟《かいしゅう》がもっともおどろいたのは、入《い》れ札《ふだ》という、選挙《せんきょ》で、もっともえらい大統領《だいとうりょう》が選《えら》ばれることだった。

日本《にほん》のように「士農工商《しのうこうしょう》」といった身分制度《みぶんせいど》がなく、だれでも、才能《さいのう》さえあれば、自由《じゆう》に仕事《しごと》が選《えら》べて、さらには、大統領《だいとうりょう》にだってなれるということに、おどろかされたのだ。

「そうか。アメリカってえのは、まさしく自由《じゆう》の国《くに》なんだな」

五月五日《がついつか》。

咸臨丸《かんりんまる》は、サンフランシスコから、浦賀《うらが》にもどってきた。歓迎《かんげい》されるかと思《おも》っていると、浦賀奉行所《うらがぶぎょうしょ》の役人《やくにん》が、どかどかと、咸臨丸《かんりんまる》に乗《の》りこんできた。

「この船《ふね》に、水戸藩《みとはん》の者《もの》はいないか」

役人《やくにん》は大声《おおごえ》でとがめた。

「なんでえ、どうしたってんでえ」

海舟《かいしゅう》は、ぶっきらぼうに、役人《やくにん》に言《い》った。

「井伊大老《いいたいろう》が桜田門外《さくらだもんがい》で殺《ころ》されたことで、水戸人《みとじん》は、厳重《げんじゅう》に取《と》り調《しら》べなくてはならんのです」

役人《やくにん》は言《い》った。

「なに？」

そのときはじめて、海舟《かいしゅう》は、大老《たいろう》の井伊直弼《いいなおすけ》が三月三日《がつみっか》に桜田門外《さくらだもんがい》で、水戸藩《みとはん》の浪士《ろうし》たちに暗殺《あんさつ》されたことを知《し》ったのである。

（なんてこった。江戸城《えどじょう》のそばで、大老《たいろう》が暗殺《あんさつ》されたのか。そんなことじゃ、幕府《ばくふ》ももう長《なが》くはねえな……）

そう思《おも》いながら、海舟《かいしゅう》は役人《やくにん》に言《い》った。

「アメリカには、水戸人《みとじん》はひとりもいねえから、さっさと帰《かえ》れ」

役人《やくにん》は海舟《かいしゅう》のことばに、すごすごと船《ふね》から出《で》て行《い》った。

六月《がつ》に、海舟《かいしゅう》は、幕府《ばくふ》において、新《あたら》しい役職《やくしょく》を命《めい》じられて、四百石取《こくと》りになった。いまや、れっきとした旗本《はたもと》の身分《みぶん》になったのだ。

「あなた、聞《き》いてくださいな。麟太郎《りんたろう》が、四十石《こく》の御家人《ごけにん》から、四百石《こく》もいただける、りっぱな、お旗本《はたもと》の身《み》になりましたよ」

母《はは》のお信《のぶ》は、小吉《こきち》の位牌《いはい》に手《て》をあわせて、報告《ほうこく》した。

海舟《かいしゅう》は苦笑《くしょう》した。

「ふ、りっぱな、お旗本《はたもと》かい」

暮《く》らしは、かなり楽《らく》になったが、幕府内《ばくふない》での仕事《しごと》が忙《いそが》しくなったのだ。海舟《かいしゅう》にとって、歯《は》がゆかったのは、幕府《ばくふ》の重臣《じゅうしん》たちが、時代《じだい》の流《なが》れを見《み》ようとしないことだった。

――なにごとも、これまで通《どお》りに。

そう言《い》う者《もの》たちばかりが、幕政《ばくせい》の中心《ちゅうしん》にいすわっていたのだ。

(家柄《いえがら》に関係《かんけい》なく、有能《ゆうのう》な者《もの》が政策《せいさく》をつくるアメリカに反《はん》して、いまの幕府《ばくふ》は、無能《むのう》なやつばかりじゃねえか)

それが、海舟《かいしゅう》には腹立《はらだ》たしくてならなかった。

文久元年《ぶんきゅうがんねん》(一八六一年《ねん》)。

九月《がつ》に、海舟《かいしゅう》は、講武所《こうぶしょ》の砲術師範役《ほうじゅつしはんやく》を命《めい》じられた。

その年《とし》の十月《がつ》、将軍家茂《しょうぐんいえもち》のもとへ、孝明天皇《こうめいてんのう》の妹《いもうと》、和宮《かずのみや》が降嫁《こうか》するために、京都《きょうと》を出発《しゅっぱつ》した。これは、公家《くげ》と武士《ぶし》とが協力《きょうりょく》しあう「公武合体《こうぶがったい》」により、幕府《ばくふ》が難局《なんきょく》をのりきろうとするものだった。

十三　龍馬《りょうま》が弟子《でし》になる

文久二年《ぶんきゅうねん》（一八六二年《ねん》）。

海舟《かいしゅう》は、軍艦操練所《ぐんかんそうれんじょ》の頭取《とうどり》となり、軍艦奉行並《ぐんかんぶぎょうなみ》になった。禄高《ろくだか》も、千石《ごく》という堂々《どうどう》たる旗本《はたもと》の身分《みぶん》になった。

「あなた、麟太郎《りんたろう》がどんどん出世《しゅっせ》して、いまや千石《ごく》の禄高《ろくだか》になりましたよ」

母《はは》のお信《のぶ》は、小吉《こきち》の位牌《いはい》に手《て》をあわせて、報告《ほうこく》した。

しかし、こうした、めざましい出世《しゅっせ》をしたことで、尊王攘夷派《そんのうじょういは》の志士《しし》たちからは、海舟《かいしゅう》は開国派《かいこくは》の大物《おおもの》と見《み》なされ、つけねらわれるようになった。

「軍艦奉行並《ぐんかんぶぎょうなみ》の勝《かつ》め。あやつ、日本《にほん》を外国《がいこく》に売《う》りわたそうとしている。ゆるせんぞ」

「あの赤鬼《あかおに》のように、斬《き》るしかない」

海舟《かいしゅう》の家《いえ》のまわりには、すきあらば、海舟《かいしゅう》を暗殺《あんさつ》しようとねらう、攘夷派《じょういは》の志士《しし》たちがうろつくようになった。

そして、ある日《ひ》のことだった。

「あなたに会《あ》いたいという方《かた》が、紹介状《しょうかいじょう》をもって、来《こ》られましたよ」

書斎《しょさい》で、書物《しょもつ》を読《よ》みながら寝《ね》っ転《ころ》がっている海舟《かいしゅう》に、お民《たみ》が言《い》った。

「だれでえ」

「土佐藩《とさはん》の坂本龍馬《さかもとりょうま》という方《かた》と、千葉道場《ちばどうじょう》の千葉重太郎《ちばじゅうたろう》という方《かた》です」

海舟《かいしゅう》は思《おも》った。

(攘夷派《じょういは》のやつらか。しかし、外《そと》で、いきなり斬《き》ろうとするんじゃなくて、わざわざ面会《めんかい》に来《く》るとはな)

海舟《かいしゅう》は起《お》き上《あ》がって、あぐらをかくと、言《い》った。

「よし、通《とお》せ」

書斎《しょさい》に入《はい》ってきたふたりを見《み》て、海舟《かいしゅう》は思《おも》った。

（こやつら、すきを見《み》せたら、おれを斬《き》ろうとしているな）

しかし、海舟《かいしゅう》は、ふたりのうちのひとり、坂本龍馬《さかもとりょうま》と名乗《なの》った男《おとこ》の顔《かお》が、なぜか気《き》に入《い》った。攘夷派《じょういは》の志士《しし》たちに見《み》られる、ひとつの信念《しんねん》に凝《こ》り固《かた》まったような、がんこさが感《かん》じられず、のびのびした自由《じゆう》な雰囲気《ふんいき》をまとっていたからだ。

「おめえら、おれを斬《き》りにきたな」

海舟《かいしゅう》は、ふたりの顔《かお》をかわるがわる見《み》て、いきなり言《い》った。

「えっ」

龍馬《りょうま》も、重太郎《じゅうたろう》も、おどろいたようだった。

「まあ、聞《き》きなよ。おれを斬《き》る前《まえ》に」

海舟《かいしゅう》は、じゅんじゅんと話《はな》しだした。

「日本《にほん》から、外国人《がいこくじん》を追《お》いはらえ。そう言《い》いはる、おめえたちの気持《きも》ちは、おれにもわかるぜ。だがな、よっく、考《かんが》えてみな。いまの日本《にほん》に、外国《がいこく》を追《お》いはらえるだけの力《ちから》があるのかい？」

龍馬《りょうま》は口《くち》をむすんで、海舟《かいしゅう》を見《み》た。

「となりの清国《しんこく》が、イギリスとフランスの連合軍《れんごうぐん》と戦《たたか》って、どうなった？　さんざんに負《ま》けて、いまや、外国《がいこく》のいいなりにされているじゃねえか」

海舟《かいしゅう》は、そばにあった地球儀《ちきゅうぎ》を引《ひ》き寄《よ》せた。

「そら、この地球儀《ちきゅうぎ》を見《み》てみな。日本《にほん》てえのは、こんなにも、小《ちい》さな島国《しまぐに》なんだぜ。それに比《くら》べて、世界《せかい》は、こんなにも広《ひろ》い」

龍馬《りょうま》は、海舟《かいしゅう》の指《ゆび》さした日本《にほん》を、食《く》い入《い》るように見《み》つめた。

「だけどな、イギリスだって、ほれ、日本《にほん》とおんなじくらい、小《ちい》さな島国《しまぐに》だ。けれど、イギリスはいまや世界《せかい》を相手《あいて》に、でっかい勝負《しょうぶ》をしている。どうして、こんなことができるのか、わかるか。それはな、強《つよ》い海軍《かいぐん》を持《も》っているからさ。世界中《せかいじゅう》でさかんに貿易《ぼうえき》をして、もうけた金《かね》で、さらに海軍《かいぐん》を強《つよ》くしているからだぜ」

龍馬《りょうま》の顔《かお》が、真《ま》っ赤《か》になった。

「いいか、日本《にほん》も、国《くに》をひらいて、貿易《ぼうえき》をさかんにして、その利益《りえき》で、国《くに》を守《まも》るための海《かい》軍《ぐん》を持《も》たなきゃならねえんだ。一日《にち》も、おろそかにはできねえぞ。このままじゃあ、日本《にほん》は、外国《がいこく》にいいようにされて、ほろびるしかねえんだ。そうならねえために、おれはな、将軍家茂《しょうぐんいえもち》さまにたのんで、まずは海軍操練所《かいぐんそうれんじょ》を、神戸《こうべ》にひらいてもらおうと思《おも》っているんだ」

それから、海舟《かいしゅう》は、アメリカで見聞《みき》きしたことを、たてつづけに話《はな》して聞《き》かせた。

世界《せかい》の文明《ぶんめい》がどれほど進《すす》んでいるか。技術《ぎじゅつ》がどれほど発達《はったつ》しているか。さらには、選挙《せんきょ》によって、大統領《だいとうりょう》が選《えら》ばれていることなど、日本《にほん》とはまったく異《こと》なる、自由《じゆう》で平等《びょうどう》な社会《しゃかい》の仕組《しく》みについて、話《はな》した。

（どう、思《おも》っているんだ。こいつら）

海舟《かいしゅう》が口《くち》をつぐんだとき、それまで、だまって聞《き》いていた龍馬《りょうま》が、いきなり頭《あたま》を深《ふか》くさげた。

「勝先生《かつせんせい》、わしを先生《せんせい》の弟子《でし》にしてつかあさい」

海舟《かいしゅう》はおどろいた。ともに来《き》ていた重太郎《じゅうたろう》もおどろいたようだった。

「龍馬《りょうま》さん、そんな……」

龍馬《りょうま》は、重太郎《じゅうたろう》にはかまわず、海舟《かいしゅう》に向《む》かって、顔《かお》を真《ま》っ赤《か》にして言《い》った。

「わしは、決《き》めたぜよ。わしは、自分《じぶん》がいかにおろかだったか、先生《せんせい》の話《はなし》を聞《き》いて、目《め》がさめた。わしも、日本《にほん》をいかにして守《まも》るか、知《し》りたいぜよ。世界《せかい》がどうなっているか、知《し》りたいぜよ。お願《ねが》いします、わしを先生《せんせい》の弟子《でし》にしてつかあさい」

海舟《かいしゅう》は、目《め》を細《ほそ》めた。

(坂本龍馬《さかもとりょうま》か。この男《おとこ》には、うそがない。自由《じゆう》な心《こころ》を持《も》っていて、とらわれがない)

海舟《かいしゅう》は、うなずいた。

「いいだろう、弟子《でし》にしてやるよ」

龍馬《りょうま》は手《て》を打《う》って、むじゃきによろこんだ。

「じつは、先生《せんせい》を斬《き》ろうという連中《れんちゅう》が、京《きょう》から、多《おお》くやって来《き》ておる。じゃが、そうはさせん。これからの日本《にほん》のためには、先生《せんせい》がどうしても必要《ひつよう》じゃきに、わしの仲間《なかま》に、先生《せんせい》を守《まも》らせることに、するぜよ」

海舟《かいしゅう》は笑《わら》った。

(ふ、斬《き》る側《がわ》が、守《まも》る側《がわ》にまわったか)

にこにこ笑《わら》っている龍馬《りょうま》の顔《かお》が、海舟《かいしゅう》には、たのもしかった。

「まあ、勝手《かって》にしてくれ」

十四　神戸《こうべ》海軍操練所《かいぐんそうれんじょ》

文久三年《ぶんきゅうねん》（一八六三年《ねん》）。

海舟《かいしゅう》は、京都《きょうと》にいた。京《きょう》の二条城《にじょうじょう》にいる将軍家茂《しょうぐんいえもち》を護衛《ごえい》するために、幕府《ばくふ》の軍艦順動丸《ぐんかんじゅんどうまる》を指揮《しき》して、大坂《おおさか》へ入《はい》り、京都《きょうと》に滞在《たいざい》していたのだ。

夜《よる》の寺町通《てらまちどお》りを、海舟《かいしゅう》は、龍馬《りょうま》のつけてくれた用心棒《ようじんぼう》である、岡田以蔵《おかだいぞう》とともに、歩《ある》いていた。

そのときだった。

数人《すうにん》の浪士《ろうし》たちが、おそってきたのだ。

「幕府《ばくふ》の犬《いぬ》、勝《かつ》め、死《し》ねっ」

すると、以蔵《いぞう》が、おそろしい速《はや》さで刀《かたな》をぬき、おそってきた者《もの》たちを、あっという間《ま》に、斬《き》り伏《ふ》せてしまった。

「わしは、以蔵《いぞう》だ。勝先生《かっせんせい》を斬《き》ろうとする者《もの》は、みな斬《き》り捨《す》てる」

以蔵《いぞう》のことばに、襲撃者《しゅうげきしゃ》たちは、おそれおののいて逃《に》げ出《だ》した。土佐《とさ》の「人斬《ひとき》り以蔵《いぞう》」の名《な》は、京中《きょうじゅう》に、とどろいていたのだ。


「おいおい、以蔵《いぞう》」

海舟《かいしゅう》は言《い》った。

「あんまり、人《ひと》を斬《き》っちゃあ、いけねえな」

すると、以蔵《いぞう》は、ぶっきらぼうな声《こえ》で、言《い》いかえした。

「わしがやつらを斬《き》らなかったら、先生《せんせい》、首《くび》が飛《と》んでいましたぜ」

海舟《かいしゅう》は苦笑《くしょう》した。

（そう言《い》えば、そうだな……）

島田道場《しまだどうじょう》の免許皆伝《めんきょかいでん》を持《も》っているにもかかわらず、海舟《かいしゅう》は、一度《ど》もひとを斬《き》ったことがなかったのだ。


家茂《いえもち》が二条城《にじょうじょう》にいる間《あいだ》にも、攘夷《じょうい》の嵐《あらし》は、はげしさを増《ま》していた。

「外国《がいこく》を武力《ぶりょく》で追《お》いはらえ」

長州藩《ちょうしゅうはん》は、五月十日《がつとおか》に、アメリカの商船《しょうせん》を、下関《しものせき》で砲撃《ほうげき》した。二十三日《にち》には、フランスの軍艦《ぐんかん》を、二十六日《にち》には、オランダの軍艦《ぐんかん》に、発砲《はっぽう》した。

これに対《たい》して、六月一日《がつついたち》、アメリカの軍艦《ぐんかん》が、下関砲台《しものせきほうだい》を攻撃《こうげき》し、長州藩《ちょうしゅうはん》の軍艦《ぐんかん》をしずめた。そして、六月五日《がついつか》、フランスの軍艦《ぐんかん》が長州藩《ちょうしゅうはん》を攻《せ》めた。


薩摩藩《さつまはん》も、七月《がつ》、イギリスと戦争《せんそう》をはじめた。イギリスの七隻《せき》の軍艦《ぐんかん》が鹿児島湾《かごしまわん》に攻《せ》めこみ、すさまじい戦《たたか》いになった。イギリスの大砲《たいほう》に、砲台《ほうだい》や町《まち》まで破壊《はかい》されたが、薩摩《さつま》もよく戦《たたか》い、この薩英戦争《さつえいせんそう》は、ひとまず引《ひ》き分《わ》けになった。

薩摩藩《さつまはん》は、外国《がいこく》をしりぞけようとすることのおろかしさを悟《さと》り、尊王攘夷《そんのうじょうい》から、尊王開《そんのうかい》国《こく》へと、立場《たちば》を変《か》えた。

さらに、この戦《たたか》いのあと、イギリスと薩摩《さつま》は、たがいの実力《じつりょく》をみとめあって、近《ちか》しい仲《なか》となった。

そして、元治元年《げんじがんねん》（一八六四年《ねん》）、二月《がつ》。

海舟《かいしゅう》は、江戸城《えどじょう》に呼《よ》びだされた。

「勝《かつ》どの、お願《ねが》いがござる」

老中《ろうじゅう》のひとりが言《い》った。

「それがしに、願《ねが》いとは？」

「じつは、長州《ちょうしゅう》がこれまで外国《がいこく》に砲撃《ほうげき》したため、アメリカ、イギリス、フランス、オランダの四国《こく》が連合《れんごう》を組《く》み、長州《ちょうしゅう》を攻《せ》めようとしておる。このままでは、日本国全体《にほんこくぜんたい》が、外国《がいこく》とのいくさに巻《ま》きこまれるおそれがある」

海舟《かいしゅう》はたずねた。

「それで、それがしはなにをすればよいのかな」

「外国船《がいこくせん》の艦長《かんちょう》に、勝《かつ》どのは知《し》り合《あ》いが多《おお》いとか。ぜひ、彼《かれ》らに、攻撃《こうげき》の中止《ちゅうし》をたのんでほしい」

老中《ろうじゅう》のことばに、海舟《かいしゅう》は思《おも》った。

（要《よう》するに、外国《がいこく》と長州《ちょうしゅう》のけんかの、仲立《なかだ》ちをしろというのか）

父《ちち》の小吉《こきち》が、しょっちゅう、江戸《えど》の町《まち》で、けんかの仲立《なかだ》ちをしていたことを思《おも》いだして、海舟《かいしゅう》は苦笑《にがわら》いした。

(ふ。おなじようなことを、父子《ちちこ》でやっているとはな)

海舟《かいしゅう》はうなずいた。

「わかりました。艦長《かんちょう》たちと、話《はな》しあってみましょう」

海舟《かいしゅう》は長崎《ながさき》へ行《い》き、オランダやアメリカ、イギリスの領事《りょうじ》らと、話《はな》しあった。さいわい、領事《りょうじ》たちは、海舟《かいしゅう》のことばを聞《き》いて、長州藩《ちょうしゅうはん》への攻撃《こうげき》をいったん中止《ちゅうし》してくれた。

「勝《かつ》さんの言《い》うことは、わかりました。しばらく、長州藩《ちょうしゅうはん》の出方《でかた》を見《み》ることにします」


五月《がつ》十四日《か》。

海舟《かいしゅう》は、江戸城《えどじょう》で、将軍《しょうぐん》の家茂《いえもち》と会《あ》った。

「勝《かつ》、そなたに、海軍《かいぐん》をまかせたい。これからは、勝安房守《かつあわのかみ》と名《な》のって、軍艦奉行《ぐんかんぶぎょう》をつとめてくれ」

勝安房守《かつあわのかみ》か。読《よ》み方《かた》によっては、「あほうのかみ」か。馬鹿《ばか》なおれには、ぴったりの名《な》じゃねえか。

海舟《かいしゅう》は心《こころ》の中《なか》で笑《わら》いながら、家茂《いえもち》に言《い》った。

「ははっ。仰《おお》せにしたがいまする」

さらに、家茂《いえもち》は言《い》った。

「そなたが願《ねが》っていた、神戸《こうべ》海軍操練所《かいぐんそうれんじょ》をひらくがよい。日本《にほん》を守《まも》る、強《つよ》い海軍《かいぐん》を、つくってくれ」

海舟《かいしゅう》はよろこんだ。

（ようし、日本《にほん》ではじめての、本格的《ほんかくてき》な海軍兵学校《かいぐんへいがっこう》をつくるぞ）

このとき、海舟《かいしゅう》の禄高《ろくだか》はさらに増《ふ》えて、二千石《ごく》の大身《たいしん》となった。かつて父《ちち》の小吉《こきち》が、「麟太郎《りんたろう》は千石《ごく》、二千石《ごく》の身《み》になる」と言《い》ったことが、実現《じつげん》したのだ。

江戸城《えどじょう》からもどると、海舟《かいしゅう》は、門弟《もんてい》の坂本龍馬《さかもとりょうま》に言《い》った。

「龍馬《りょうま》、神戸《こうべ》に、海軍操練所《かいぐんそうれんじょ》をつくるぞ。そなたが塾頭《じゅくとう》となれ」

「えっ、わしが？」

「いいか、長崎《ながさき》の海軍伝習所《かいぐんでんしゅうじょ》は、幕府《ばくふ》だけの伝習所《でんしゅうじょ》だったが、今度《こんど》のは、ちがうぞ。日本《にほん》全体《ぜんたい》のための海軍操練所《かいぐんそうれんじょ》だ」

龍馬《りょうま》は目《め》をかがやかせた。

「先生《せんせい》、わしに、そんな大役《たいやく》をまかせてくださるんか」

「そうだ。そこには、日本中《にほんじゅう》から、国《くに》を守《まも》ろうという若者《わかもの》があつまってくるぞ。幕臣《ばくしん》だけじゃねえんだ。長州《ちょうしゅう》からも、土佐《とさ》からも、薩摩《さつま》からも、越前《えちぜん》からも、集《あつ》まってくるぞ。そなたが、みんなを一人前《いちにんまえ》に育《そだ》てるのだぞ。できるな、龍馬《りょうま》」

龍馬《りょうま》はどんと胸《むね》をたたいた。

「まかせてください、先生《せんせい》」

神戸《こうべ》につくられた海軍操練所《かいぐんそうれんじょ》には、咸臨丸《かんりんまる》でアメリカにわたった海舟《かいしゅう》の評判《ひょうばん》を聞《き》いて、ぞくぞくと若者《わかもの》が集《あつ》まってきた。

「先生《せんせい》、入塾《にゅうじゅく》したいという者《もの》が、五百人《にん》もやって来《き》ました」

龍馬《りょうま》はよろこんで、報告《ほうこく》した。

「うむ。彼《かれ》らが一人前《いちにんまえ》になったら、日本海軍《にほんかいぐん》も強《つよ》くなる。たのむぞ、龍馬《りょうま》」

「はい、先生《せんせい》」

龍馬《りょうま》ははりきって、塾生《じゅくせい》たちを育《そだ》てはじめた。

神戸《こうべ》の海軍操練所《かいぐんそうれんじょ》で、若者《わかもの》たちが、日々《ひび》訓練《くんれん》しているさなか、京都《きょうと》では、不穏《ふおん》な動《うご》きが止《と》まらなかった。

「尊王《そんのう》、そして攘夷《じょうい》を決行《けっこう》するのだ」

そう主張《しゅちょう》する長州藩《ちょうしゅうはん》が、三条実美《さんじょうさねとみ》ら公卿《くぎょう》を旗印《はたじるし》にして、徳川幕府《とくがわばくふ》をたおそうと兵《へい》をあげたのだ。

しかし、そのくわだては、朝廷《ちょうてい》と幕府《ばくふ》に阻止《そし》され、失敗《しっぱい》した。三条《さんじょう》ら、七人《にん》の公卿《くぎょう》は、長州《ちょうしゅう》へ落《お》ちのびていった。そして、無謀《むぼう》な挙兵《きょへい》をとがめられて、長州藩《ちょうしゅうはん》の藩主父子《はんしゅふし》は、きびしい罰《ばつ》を受《う》けることになった。

「八月十八日《がつにち》の政変《せいへん》」と呼《よ》ばれるものだった。

そして、血《ち》なまぐさい池田屋事件《いけだやじけん》が起《お》きた。

長州《ちょうしゅう》や土佐《とさ》、肥後《ひご》（熊本《くまもと》）などの攘夷派《じょういは》の志士《しし》たちが、三条《さんじょう》の旅館《りょかん》池田屋《いけだや》で、会津藩《あいづはん》がかかえている武闘集団《ぶとうしゅうだん》で、「あくまでも幕府《ばくふ》を守《まも》りぬこう」とする新選組《しんせんぐみ》におそわれ、多《おお》くが斬《き》られたのだ。

「うぬっ、幕府《ばくふ》め」

これに怒《おこ》った長州藩《ちょうしゅうはん》は、京都《きょうと》に兵《へい》を進軍《しんぐん》させて、朝廷《ちょうてい》の改革《かいかく》や、罰《ばつ》を受《う》けた藩主《はんしゅ》の名誉《めいよ》回復《かいふく》などをうったえた。

「どうか、われら長州藩《ちょうしゅうはん》の意見《いけん》を聞《き》いてもらいたい」

しかし、朝廷《ちょうてい》は長州藩《ちょうしゅうはん》をしりぞけた。

「もはや、これまでだ」

「戦《たたか》うしかない」

長州藩《ちょうしゅうはん》は兵《へい》をあげて上京《じょうきょう》し、朝廷《ちょうてい》を守《まも》っていた薩摩藩《さつまはん》、会津藩《あいづはん》、桑名藩《くわなはん》の兵《へい》と、はげしくぶつかった。

しかし、蛤御門《はまぐりごもん》を守《まも》っていた西郷吉之助《さいごうきちのすけ》ひきいる薩摩藩《さつまはん》との戦《たたか》いで、長州藩《ちょうしゅうはん》は大敗《たいはい》し、指揮《しき》していた久坂玄瑞《くさかげんずい》は自刃《じじん》した。「禁門《きんもん》の変《へん》」、「蛤御門《はまぐりごもん》の変《へん》」と呼《よ》ばれるものだった。

「長州《ちょうしゅう》は、なんてえ、はやまったことをしたんだ。これから、日本《にほん》がひとつになって、力《ちから》をあわせて、外国《がいこく》と向《む》き合《あ》わなきゃならねえってときに」

海舟《かいしゅう》はなげいた。

「だいいち、薩摩《さつま》と戦《たたか》って、長州《ちょうしゅう》になんの得《とく》があるっていうんだ」

海舟《かいしゅう》の胸《むね》には、日本《にほん》の将来《しょうらい》の絵図《えず》があった。

（これからは、幕府《ばくふ》だけではだめだ。薩摩《さつま》や長州《ちょうしゅう》といった大《おお》きな藩《はん》が加《くわ》わって、日本《にほん》の行《ゆ》く先《さき》をさだめていかなくてはならない。それなのに、長州《ちょうしゅう》は一藩《ひとはん》だけで、ことをなそうと、あせりすぎている……）


八月《がつ》。

家茂《いえもち》とともに、大坂《おおさか》に来《き》ていた海舟《かいしゅう》に、命令《めいれい》が来《き》た。

「アメリカ、イギリス、フランス、オランダの連合軍《れんごうぐん》が、長州藩《ちょうしゅうはん》にたいして、砲撃《ほうげき》しようとしている。やめさせよ」

外国《がいこく》と長州《ちょうしゅう》の仲立《なかだ》ちか。

海舟《かいしゅう》は、いそいで長州《ちょうしゅう》へ向《む》かった。しかし、豊後《ぶんご》の姫島《ひめしま》についたとき、すでに、アメリカ、イギリス、フランス、オランダの連合艦隊《れんごうかんたい》が、砲撃《ほうげき》を開始《かいし》していた。

その結果《けっか》、下関《しものせき》は燃《も》え、砲台《ほうだい》は占領《せんりょう》されてしまい、長州藩《ちょうしゅうはん》は、外国《がいこく》の連合軍《れんごうぐん》に降参《こうさん》することになった。

「無念《むねん》、間《ま》に合《あ》わなかったか」

海舟《かいしゅう》はくやしかった。

しかし、長州藩《ちょうしゅうはん》は、外国《がいこく》の軍艦《ぐんかん》と戦《たたか》ってはじめて、その力《ちから》の差《さ》をまざまざと知《し》らされ、むやみに攘夷《じょうい》をめざすことのおろかしさを悟《さと》った。

その結果《けっか》、長州藩《ちょうしゅうはん》は、しゃにむに「尊王攘夷《そんのうじょうい》」をめざすという立場《たちば》から、「倒幕開国《とうばくかいこく》」へと、立場《たちば》を大《おお》きく変《か》えていったのである。

十五　西郷《さいごう》と会《あ》う

九月《がつ》十一日《にち》。

そのとき、海舟《かいしゅう》は、大坂天満屋《おおさかてんまや》の旅館《りょかん》、近江屋《おうみや》にいた。

「勝先生《かつせんせい》、薩摩藩《さつまはん》の西郷《さいごう》さんが来《こ》られました」

海舟《かいしゅう》はおどろいた。

（あの、斉彬公《なりあきらこう》がほめていた西郷吉之助《さいごうきちのすけ》か。蛤御門《はまぐりごもん》では、薩摩藩《さつまはん》をみごとに指揮《しき》して、長州兵《ちょうしゅうへい》をしりぞけたとか）

はじめて見《み》た西郷《さいごう》に、海舟《かいしゅう》は息《いき》をのんだ。

（なるほど、これは、大物《おおもの》だ）

眉《まゆ》が太《ふと》く、大《おお》きい目《め》が黒《くろ》い宝石《ほうせき》のようにかがやいていて、体《からだ》が人一倍大《ひといちばいおお》きかった。いかついその姿《すがた》に反《はん》して、顔《かお》はおだやかで、人情味《にんじょうみ》にあふれているようだった。

（この男《おとこ》は、うそがない）

海舟《かいしゅう》は感《かん》じた。

「薩摩《さつま》の、西郷吉之助《さいごうきちのすけ》でごわす」

西郷《さいごう》は深《ふか》く頭《あたま》をさげて、ていねいにあいさつした。

「おう、あんたが西郷《さいごう》さんか。斉彬公《なりあきらこう》から、あんたのことは聞《き》いていたよ」

海舟《かいしゅう》は親《した》しい友人《ゆうじん》に話《はな》すような口調《くちょう》で言《い》った。

「勝先生《かつせんせい》、幕府《ばくふ》は、長州《ちょうしゅう》を攻《せ》めほろぼすつもりのようでごわす。おいどんは、征伐軍《せいばつぐん》の総《そう》督参謀《とくさんぼう》をせよと言《い》われておりもんす」

西郷《さいごう》のことばに、海舟《かいしゅう》は首《くび》をふった。

「いけねえよ、西郷《さいごう》さん。長州《ちょうしゅう》を攻《せ》めほろぼすのは、あまりいいこととは、おれには思《おも》えねえな」

「なんと?」

西郷《さいごう》はおどろいたようだった。

「はっきり言《い》って、幕府《ばくふ》は、もういけねえよ」

海舟《かいしゅう》は言《い》った。

「体制《たいせい》がこわばっていて、幕臣《ばくしん》の中心《ちゅうしん》にいるやつらの頭《あたま》が、古《ふる》くさくって、いまの時代《じだい》には、とうていあわねえ。これからは、そんな幕府《ばくふ》にかわって、薩摩《さつま》や長州《ちょうしゅう》といった大《おお》きな藩《はん》が連合《れんごう》して、強《つよ》い艦隊《かんたい》をつくり、外国《がいこく》に対抗《たいこう》するしかねえと、おれは思《おも》うぜ」

西郷《さいごう》は目《め》を丸《まる》くして、海舟《かいしゅう》を見《み》つめた。

「幕府《ばくふ》の軍艦奉行《ぐんかんぶぎょう》である勝先生《かつせんせい》から、そんな話《はなし》を聞《き》くとは、おどろきもした」

それから、きっぱりと言《い》った。

「勝先生《かつせんせい》のお考《かんが》え、吉之助《きちのすけ》、よう、わかりもした。長州《ちょうしゅう》を攻《せ》めても、ほろぼすようなことは、しないでごわす」

海舟《かいしゅう》はうなずいた。

「うん、それがいい。長州《ちょうしゅう》は、いずれ、薩摩《さつま》と組《く》むことになるだろうからな」

海舟《かいしゅう》のことばを聞《き》き入《い》れて、討伐軍《とうばつぐん》の参謀《さんぼう》だった西郷《さいごう》は、本気《ほんき》で長州《ちょうしゅう》を攻《せ》めることは、しなかった。

長州藩《ちょうしゅうはん》は、外国《がいこく》から攻《せ》められていたこともあり、すぐに討伐軍《とうばつぐん》に降伏《こうふく》した。

「参《まい》りました。もう、幕府《ばくふ》にさからいません」

長州藩《ちょうしゅうはん》の三人《にん》の家老《かろう》は、蛤御門《はまぐりごもん》の変《へん》を起《お》こしたとして、切腹《せっぷく》させられた。さらに、藩主《はんしゅ》は、幕府《ばくふ》にさからわないという誓約書《せいやくしょ》を書《か》かされた。

しかし、海舟《かいしゅう》が望《のぞ》んだように、長州藩《ちょうしゅうはん》はほろぼされずにすんだのだ。なんとか生《い》きのびることができたのだった。


しかし、幕府《ばくふ》の中心《ちゅうしん》にいる者《もの》たちは、海舟《かいしゅう》に不信《ふしん》を抱《いだ》くようになっていた。そして、神《こう》戸《べ》の海軍操練所《かいぐんそうれんじょ》に、怒《おこ》っていた。

「あそこの練習生《れんしゅうせい》の多《おお》くは、幕府《ばくふ》に不満《ふまん》を持《も》って、さからっている志士《しし》たちではないのか。勝《かつ》は、なにを考《かんが》えて、そんな連中《れんちゅう》をかかえているのか」

「もはや、あんな操練所《そうれんじょ》はいらぬ。ただちに、とりつぶせ」

重臣《じゅうしん》たちは、けわしい顔《かお》で話《はな》しあい、海舟《かいしゅう》にたいして、きびしい決議《けつぎ》をした。

「勝《かつ》を、すぐ、やめさせろ」

「軍艦奉行《ぐんかんぶぎょう》など、あやつに、つづけさせてはならぬ」

こうして、十二月十日《がっとおか》、海舟《かいしゅう》は、軍艦奉行《ぐんかんぶぎょう》など、すべての役職《やくしょく》をやめさせられることになった。

「おれは、お役《やく》ごめんの身《み》となった。江戸《えど》に、もどされることになったぜ」

勝《かつ》は、海軍操練所《かいぐんそうれんじょ》の練習生《れんしゅうせい》たちに言《い》った。

「そんな、勝先生《かつせんせい》」

「どうしてですか。せっかく、ここまで訓練《くんれん》してきたのに」

練習生《れんしゅうせい》たちは口々《くちぐち》に言《い》った。

「しょうがねえんだ。幕府《ばくふ》の馬鹿《ばか》なやつらが、勝手《かって》に、いろんなことを決《き》めやがったのさ。ここには、幕府《ばくふ》にとって、目《め》ざわりな連中《れんちゅう》が、ごろごろいるから、操練所《そうれんじょ》もつぶされることになったぜ」

海舟《かいしゅう》のことばに、練習生《れんしゅうせい》たちはぼうぜんとした。

「えっ、操練所《そうれんじょ》がなくなるんですか」

「これから、われらはどうすればよいのですか」

海舟《かいしゅう》は言《い》った。

「心配《しんぱい》するねえ。おれが、薩摩《さつま》の西郷《さいごう》にかけあってやる。航海術《こうかいじゅつ》を学《まな》んだおめえたちを、薩摩藩《さつまはん》で、丸《まる》ごと、かかえてくれるようにってな」

「よかでごわす。航海術《こうかいじゅつ》を学《まな》んだ貴重《きちょう》な訓練生《くんれんせい》を、すべて薩摩《さつま》でおひきとりもんす」

西郷《さいごう》は、海舟《かいしゅう》の提案《ていあん》を、こころよく受《う》け入《い》れた。神戸《こうべ》の海軍操練所《かいぐんそうれんじょ》の練習生《れんしゅうせい》たちは、薩《さつ》摩藩《まはん》の軍艦《ぐんかん》がひきとることになったのだ。

海舟《かいしゅう》はすべての役職《やくしょく》をやめさせられて、江戸《えど》にもどってきた。赤坂《あかさか》の家《いえ》で、海舟《かいしゅう》は、自《じ》宅謹慎《たくきんしん》を命《めい》じられた。

「まあ、どうあっても、おれを押《お》しこめておきてえって、言《い》うんなら、好《す》きにするがいいさ。いずれ、こまったら、泣《な》きついてくるだろう」

そう、うそぶいて、海舟《かいしゅう》は、自由気《じゆうき》ままな日々《ひび》を送《おく》るようになった。

十六　薩長連合《さっちょうれんごう》

慶応元年《けいおうがんねん》（一八六五年《ねん》）、四月《がつ》。

前年《ぜんねん》に幕府《ばくふ》に降伏《こうふく》して、おとなしくなったはずの長州藩《ちょうしゅうはん》が、ふたたび、幕府《ばくふ》にたいして、さからう態度《たいど》をとるようになった。

改革派《かいかくは》の高杉晋作《たかすぎしんさく》らが挙兵《きょへい》して、藩《はん》の保守派《ほしゅは》を追《お》いだして、長州藩《ちょうしゅうはん》の主導権《しゅどうけん》をにぎったからだった。

幕府《ばくふ》は怒《おこ》った。

「長州《ちょうしゅう》め。ゆるしてやったにもかかわらず、またもや、幕府《ばくふ》にさからうとは、なんたること。今度《こんど》こそ、攻《せ》めつぶして、藩《はん》をなくしてしまえ」

幕府《ばくふ》は、将軍家茂《しょうぐんいえもち》を上洛《じょうらく》させて、全国《ぜんこく》の藩《はん》に命《めい》じた。

「諸藩《しょはん》は、長州征伐《ちょうしゅうせいばつ》に、兵《へい》を出《だ》すべし」

ところが、西郷《さいごう》が兵《へい》をひきいる薩摩藩《さつまはん》は、そのころ、ひそかに長州《ちょうしゅう》と手《て》をむすんでいた。海舟《かいしゅう》の弟子《でし》である坂本龍馬《さかもとりょうま》の仲立《なかだ》ちにより、薩摩《さつま》の西郷吉之助《さいごうきちのすけ》と、長州《ちょうしゅう》の木戸孝允《きどたかよし》のあいだで、「薩長連合《さっちょうれんごう》」が成立《せいりつ》していたのだ。

「長州《ちょうしゅう》への出兵《しゅっぺい》でごわすか？」

幕府《ばくふ》に命《めい》じられ、西郷《さいごう》は、きっぱりと出兵《しゅっぺい》をこばんだ。

「われら薩摩《さつま》は、おことわりもうす。したがうことはできもはん」

薩摩《さつま》の離反《りはん》を知《し》ると、ほかの藩《はん》も、つぎつぎに同調《どうちょう》した。

いまは財政《ざいせい》が困難《こんなん》であるとか、さまざまな理由《りゆう》をつけて、出兵《しゅっぺい》をことわってきたのだ。

そのため、長州征伐《ちょうしゅうせいばつ》にしたがうのは、会津藩《あいづはん》や紀州藩《きしゅうはん》、桑名藩《くわなはん》らの、幕府《ばくふ》と関係《かんけい》の深《ふか》い藩《はん》だけになった。

「うぬっ。幕府《ばくふ》の命令《めいれい》をなんとこころえておる」

幕府《ばくふ》は怒《おこ》ったが、この軍勢《ぐんぜい》で戦《たたか》えるかどうか、ためらい、ただちに長州《ちょうしゅう》へ攻《せ》め入《い》ることは、しなかった。

慶応《けいおう》二年《ねん》(一八六六年《ねん》)、五月《がつ》。

老中《ろうじゅう》の水野《みずの》に、海舟《かいしゅう》は呼《よ》ばれた。

「勝安房守《かつあわのかみ》、ふたたび軍艦奉行《ぐんかんぶぎょう》を命《めい》じる。よいな、わかったな」

水野《みずの》は、いまいましげに、言《い》った。

「はっ」

海舟《かいしゅう》は、ことわらなかった。

(ふん。おれをくびにしたと思《おも》ったら、すぐに登用《とうよう》か。こまったら、おれをひっぱりだすとはな。しかし、このまま、幕府《ばくふ》と長州《ちょうしゅう》とがいくさをはじめたら、とんでもないことになる。長州《ちょうしゅう》の背後《はいご》には、薩摩《さつま》がついている。日本《にほん》がふたつに割《わ》れて、いくさをすることになる。そんなことになれば、よろこぶのは、外国《がいこく》じゃねえか)

水野《みずの》は言《い》った。

「すぐに、京都《きょうと》へ行《い》ってくれ、勝《かつ》。京都守護職《きょうとしゅごしょく》の会津藩《あいづはん》と、薩摩藩《さつまはん》とが、どうもうまくいっていない。このふたつの藩《はん》の、仲《なか》をとりもってくれ」

「しょうちいたしました」

海舟《かいしゅう》はうなずいた。

（会津《あいづ》と薩摩《さつま》の仲立《なかだ》ちか。幕府《ばくふ》をあくまでも守《まも》ろうとしている会津《あいづ》と、幕府《ばくふ》を倒《たお》そうと考《かんが》えはじめている薩摩《さつま》とが、しっくりするはずはない。これは、やっかいだぞ）


海舟《かいしゅう》は京都《きょうと》へ行《い》き、薩摩藩《さつまはん》と会津藩《あいづはん》とのあいだで、話《はな》しあいをさせようとした。

しかし、まだ、話《はな》しあいをしているさなか、六月《がつ》に、しびれを切《き》らしたように、ついに幕府《ばくふ》は、征伐軍《せいばつぐん》を編成《へんせい》して、長州藩《ちょうしゅうはん》へ攻《せ》めこませたのだ。

「なにっ、いくさを始《はじ》めたって？　馬鹿《ばか》なことをしやがって。長州《ちょうしゅう》に、かんたんに勝《か》てると思《おも》っているのか」

海舟《かいしゅう》は思《おも》った。

長州藩《ちょうしゅうはん》は、ひそかに同盟《どうめい》をむすんだ薩摩藩《さつまはん》の協力《きょうりょく》により、イギリスより購入《こうにゅう》した最新式《さいしんしき》の武器《ぶき》をそなえていた。さらに、西洋式《せいようしき》の戦術《せんじゅつ》を学《まな》んだ大村益次郎《おおむらますじろう》が、農民《のうみん》や下級武士《かきゅうぶし》たちをあつめた新《あたら》しい軍隊《ぐんたい》をつくっていたのである。

このために、征伐軍《せいばつぐん》は、各地《かくち》で敗《やぶ》れ、長州藩《ちょうしゅうはん》に苦戦《くせん》を強《し》いられていた。

さらに、まだいくさがつづいているときに、大坂城《おおさかじょう》にいた将軍家茂《しょうぐんいえもち》が、二十一歳《さい》の若《わか》さで亡《な》くなったのである。

「えっ、家茂《いえもち》さまが？」

もともと病弱《びょうじゃく》だった家茂《いえもち》の死《し》を、海舟《かいしゅう》は悲《かな》しんだ。家茂《いえもち》は、頭《あたま》のかたい幕府《ばくふ》のなかで、だれよりも、海舟《かいしゅう》のよき理解者《りかいしゃ》だったからだ。

家茂《いえもち》のあとを継《つ》いだのは、一橋慶喜《ひとつばしよしのぶ》だった。

八月《がつ》十六日《にち》。

十五代将軍《だいしょうぐん》となった徳川慶喜《とくがわよしのぶ》は、麟太郎《りんたろう》を大坂城《おおさかじょう》へ呼《よ》びつけた。

「勝《かつ》よ、長州《ちょうしゅう》との停戦《ていせん》の使者《ししゃ》となってくれぬか」

停戦《ていせん》？

いま征伐軍《せいばつぐん》は、負《ま》けつづけているじゃねえか。勝手《かって》に、長州《ちょうしゅう》に攻《せ》めこんで、負《ま》けがつづいたら、停戦《ていせん》など、つごうがよすぎる。

押《お》しつけがましいその態度《たいど》に、海舟《かいしゅう》は、むっとした。これまで、何度《なんど》か慶喜《よしのぶ》とは会《あ》っていたが、ふたりは、うまが合《あ》わなかった。

幕府《ばくふ》の力《ちから》を強《つよ》めて、これまで通《どお》り、全国《ぜんこく》の藩《はん》をしたがえよう。そう思《おも》っている慶喜《よしのぶ》に対《たい》して、これからは幕府《ばくふ》だけでなく、大《おお》きな藩《はん》が連合《れんごう》して、日本《にほん》を守《まも》ろうというのが、海舟《かいしゅう》の考《かんが》えであり、ふたりの意見《いけん》は、大《おお》きくちがっていたのだ。

（さて、これまで幕府《ばくふ》に、さんざん苦《にが》い思《おも》いをさせられてきた長州《ちょうしゅう》が、そうかんたんに、ほこをおさめてくれるかどうか……）

海舟《かいしゅう》がきびしい顔《かお》をしていると、慶喜《よしのぶ》は、下手《したて》に出《で》た。

「勝《かつ》。この大役《たいやく》をこなせるのは、そちしかいない。たのむ、勝《かつ》」

海舟《かいしゅう》は、心《こころ》のなかで、苦笑《くしょう》した。

（しょうがねえなあ。しなくてもいい馬鹿《ばか》ないくさをはじめて、その負《ま》けいくさのあとしまつを、たのみたいっていうのか）

海舟《かいしゅう》はふうっと、息《いき》をついて、返答《へんとう》した。

「しょうちいたしました」

「おう、行《い》ってくれるのだな、勝《かつ》」

慶喜《よしのぶ》は、ほっとした顔《かお》になった。

八月《がつ》と九月《がつ》にわたって、海舟《かいしゅう》はひとりで、宮島《みやじま》におもむき、広沢兵助《ひろさわへいすけ》や井上聞多《いのうえもんた》ら、長《ちょう》州藩《しゅうはん》のおもだった面々《めんめん》と会《あ》った。

あいつぐ勝《か》ちいくさに、長州藩《ちょうしゅうはん》の者《もの》たちは、意気《いき》があがっていた。

「幕府軍《ばくふぐん》など、たいしたことはない」

「このまま、大坂《おおさか》、江戸《えど》へ、攻《せ》めこもう」

そう強硬《きょうこう》に主張《しゅちょう》する者《もの》たちも多《おお》くいた。

(さて、なんとか停戦《ていせん》に持《も》ちこむには、どうするべきか)

海舟《かいしゅう》は、どう話《はなし》をつけるか、考《かんが》えた。

「このいくさ、幕府《ばくふ》の負《ま》けだ」

海舟《かいしゅう》は、広沢《ひろさわ》たちの前《まえ》で、ざっくばらんに言《い》った。

「なんと」

「幕府《ばくふ》が、負《ま》けを、みとめられるのですか」

広沢《ひろさわ》たちはおどろいたように言《い》った。

いくつかの地《ち》で敗《やぶ》れたとはいえ、まだまだ、全国《ぜんこく》に大《おお》きな力《ちから》を持《も》っている幕府《ばくふ》が、あっさりと負《ま》けをみとめるとは、思《おも》えなかったからだ。

「そうさ。だから、幕府《ばくふ》は、兵《へい》を全部《ぜんぶ》ひきあげる」

海舟《かいしゅう》は、ここで、ずばりと言《い》った。

「それから、幕府《ばくふ》は、近《ちか》いうちに、天皇《てんのう》にまつりごとをお返《かえ》しするつもりだ」

「えっ?」

「まさか」

広沢《ひろさわ》たちは、声《こえ》をあげた。

「そうさ。まさかの、大政奉還《たいせいほうかん》さ。近《ちか》いうちに、そういうことになるだろうから、長州藩《ちょうしゅうはん》も、ここはひとつ、いくさのほこをおさめてくれねえか。そして、ひきあげる幕府軍《ばくふぐん》を追《つい》撃《げき》しようなんてのは、やめてほしい。どうだい、わかってくれるかい」

海舟《かいしゅう》は言《い》った。

広沢《ひろさわ》らは顔《かお》を見合《みあ》わせた。そして、しばらく相談《そうだん》したあとで、言《い》った。

「わかりました。勝先生《かつせんせい》のお言葉《ことば》を信《しん》じて、長州藩《ちょうしゅうはん》はいくさをやめます。これまで占領《せんりょう》していた地《ち》からも、兵《へい》をひきあげます」

「そうかい。わかってくれたかい」

停戦《ていせん》をとりつけた海舟《かいしゅう》は、気分《きぶん》よく、宮島《みやじま》からひきあげた。

しかし、あくまでも「敗戦《はいせん》」をみとめたくなかった慶喜《よしのぶ》は、海舟《かいしゅう》の努力《どりょく》をむだにするような行為《こうい》に出《で》た。

「お亡《な》くなりになった家茂《いえもち》さまのこともあり、長州藩《ちょうしゅうはん》とのいくさをやめることにいたしますので、なにとぞ、お願《ねが》いいたします」

慶喜《よしのぶ》は、天皇《てんのう》にそう願《ねが》い出《で》て、家茂《いえもち》の死《し》をいいわけにして、「停戦《ていせん》せよ」という勅命《ちょくめい》を出《だ》させたのである。

——将軍《しょうぐん》が死《し》んだから、休戦《きゅうせん》し、長州藩《ちょうしゅうはん》は占領《せんりょう》した地《ち》から、引《ひ》き揚《あ》げよ。

と、いう内容《ないよう》のものだった。

この勅令《ちょくれい》には、長州藩《ちょうしゅうはん》はおどろき、あきれた。

「なに、帝《みかど》がそのようなことを?」

「幕府《ばくふ》は、われらに負《ま》けたことをみとめないというのか」

「勝《かつ》め、よくも、だましたな」

広沢《ひろさわ》たちは、かんかんに怒《おこ》った。


海舟《かいしゅう》も怒《おこ》った。

「なんてこった。慶喜《よしのぶ》め。ずるがしこいやつめ。これじゃあ、おれが長州《ちょうしゅう》をだましたことになるじゃねえか」

海舟《かいしゅう》は、九月《がつ》十三日《にち》に、慶喜《よしのぶ》にたいして、すべての役職《やくしょく》をやめると申《もう》し出《で》た。

十七　大政奉還《たいせいほうかん》

幕府《ばくふ》は、あくまでも、天皇《てんのう》の命令《めいれい》で停戦《ていせん》した。長州《ちょうしゅう》とのいくさに負《ま》けてはいない。

慶喜《よしのぶ》は、けんめいに、幕府《ばくふ》の敗戦《はいせん》をつくろおうとしたが、全国《ぜんこく》の藩《はん》は、それとはちがう、きびしい見方《みかた》をした。

——外様《とざま》の一大名《いちだいみょう》である、長州藩《ちょうしゅうはん》とのいくさに、幕府《ばくふ》が敗《やぶ》れた。

いかに慶喜《よしのぶ》がつくろおうとしても、このことは、まぎれもない事実《じじつ》であり、それは全国《ぜんこく》の藩《はん》に、強《つよ》い衝撃《しょうげき》をあたえた。

「なんと、幕府《ばくふ》は、張《は》り子《こ》の虎《とら》であったか」

「一藩《ぱん》に、徳川《とくがわ》が負《ま》けるとは」

いかなることがあっても、徳川幕府《とくがわばくふ》はゆるがないという、不敗《ふはい》の神話《しんわ》が、このとき、がらがらとくずれていったのである。

そして、朝廷《ちょうてい》に、決定的《けっていてき》なことが起《お》きた。

この年《とし》の十二月《がつ》に、孝明天皇《こうめいてんのう》が亡《な》くなり、十六歳《さい》の明治天皇《めいじてんのう》が即位《そくい》したのだ。

幕府《ばくふ》にたいして好意的《こういてき》であり、「公武合体《こうぶがったい》」を進《すす》めていた孝明天皇《こうめいてんのう》の死《し》は、時代《じだい》を大《おお》きく変《か》えることになった。

「京《きょう》に、もどったぞ」

かつて、その過激《かげき》さから、孝明天皇《こうめいてんのう》にきらわれ、朝廷《ちょうてい》を追《お》われていた倒幕派《とうばくは》の公卿《くぎょう》たちが、ぞくぞくと、京都《きょうと》にもどってきたのだ。

その代表《だいひょう》である岩倉具視《いわくらともみ》は、朝廷内《ちょうていない》で、力《ちから》をのばし、薩摩藩《さつまはん》と長州藩《ちょうしゅうはん》にたいして、幕府《ばくふ》をたおすための準備《じゅんび》をするように、ひそかに命《めい》じたのである。

「近《ちか》いうちに、天皇《てんのう》に、倒幕《とうばく》の密勅《みっちょく》をもらい受《う》ける。幕府《ばくふ》は、武力《ぶりょく》でたおさなくては、ならぬから、そなたたちは、兵《へい》の準備《じゅんび》をせよ」


こうした薩長《さっちょう》の倒幕《とうばく》の動《うご》きを知《し》った土佐藩《とさはん》の山内容堂《やまうちようどう》は、徳川家《とくがわけ》を守《まも》るために、慶喜《よしのぶ》に、大政奉還《たいせいほうかん》をすすめた。

「朝廷《ちょうてい》に、まつりごとをお返《かえ》しする。もはや、それ以外《いがい》には、徳川《とくがわ》を生《い》き延《の》びさせる道《みち》はありませぬ」

慶喜《よしのぶ》は、考《かんが》え悩《なや》んだ。

（たしかに、いま、朝廷《ちょうてい》にお返《かえ》しすれば、徳川《とくがわ》は生《い》き残《のこ》れるかもしれぬ。それに、いまの朝廷《ちょうてい》には、天下《てんか》のまつりごとを行《おこな》う力《ちから》はない。もしも、お返《かえ》ししたとしても、これまで通《どお》り、徳川《とくがわ》が中心《ちゅうしん》になって、まつりごとを行《おこな》う体制《たいせい》をつくればよい）

そう考《かんが》えた慶喜《よしのぶ》は、ついに決《き》めた。

「大政《たいせい》を奉還《ほうかん》しよう」

慶応《けいおう》三年《ねん》（一八六七年《ねん》）、十月《がつ》十四日《か》。

慶喜《よしのぶ》は、朝廷《ちょうてい》に大政奉還《たいせいほうかん》を願《ねが》い出《で》た。奇《く》しくも、それと同《おな》じ日《ひ》に、薩長《さっちょう》への「倒幕《とうばく》の密《みっ》勅《ちょく》」がおりた。

「しまった。先手《せんて》を打《う》たれたか」

岩倉具視《いわくらともみ》は、歯《は》ぎしりした。

薩長《さっちょう》の強力《きょうりょく》な兵力《へいりょく》で、徳川幕府《とくがわばくふ》を倒《たお》すはずだった。それが、勅令《ちょくれい》がおりる寸前《すんぜん》で、まんまと逃《に》げられてしまったのだ。

もはや武力《ぶりょく》で、幕府《ばくふ》をたおす方法《ほうほう》は閉《と》ざされたかに見《み》えたが、岩倉《いわくら》はあきらめなかった。

「いや、方法《ほうほう》はある。このまま、徳川《とくがわ》をのうのうと生《い》き延《の》びさせるものか」

岩倉《いわくら》は、薩摩藩《さつまはん》の西郷《さいごう》や大久保利通《おおくぼとしみち》らと相談《そうだん》し、あくまでも、幕府《ばくふ》を武力《ぶりょく》でたおす道《みち》すじをつけようと、策《さく》をめぐらした。

――幕府《ばくふ》の願《ねが》い、ゆるす。

慶喜《よしのぶ》による大政奉還《たいせいほうかん》の願《ねが》いは、あくる日《ひ》に、正式《せいしき》に、朝廷《ちょうてい》からゆるされた。ここに、徳《とく》川家康《がわいえやす》以来《いらい》、二百六十年《ねん》つづいた幕府《ばくふ》は、終《お》わりを告《つ》げたのである。

海舟《かいしゅう》は十月《がつ》二十二日《にち》に、元氷川《もとひかわ》の自宅《じたく》で、大政奉還《たいせいほうかん》を聞《き》いた。

「そうか。とうとう、徳川将軍《とくがわしょうぐん》が、いまの帝《みかど》に、大政《たいせい》を奉還《ほうかん》したか。まあ、これで、いくさは当分《とうぶん》なくなったな」

海舟《かいしゅう》は、ひとまず、国内《こくない》でのいくさが避《さ》けられたことを、よろこんだ。しかし、しばらくあとで、思《おも》いもかけない知《し》らせが、海舟《かいしゅう》のもとにとどいた。

「なにっ、龍馬《りょうま》が？」

大政奉還《たいせいほうかん》が決《き》まってから、ひと月《つき》ののちの十一月《がつ》十五日《にち》、坂本龍馬《さかもとりょうま》が、京都河原町通《きょうとかわらまちどお》りの近江屋《おうみや》の二階《かい》で、中岡慎太郎《なかおかしんたろう》とともに、何者《なにもの》かに暗殺《あんさつ》されたという、知《し》らせが海舟《かいしゅう》のもとにとどいたのだ。

「だれでえ、おれのたいせつな弟子《でし》を殺《ころ》したのは。あいつこそは、これからの日本《にほん》を背《せ》負《お》って立《た》つ男《おとこ》だったのに……」

海舟《かいしゅう》は、くやしさに、涙《なみだ》をあふれさせた。

「龍馬《りょうま》、新《あたら》しい日本《にほん》を見《み》ないで、この世《よ》を去《さ》るとは、さぞ、くやしかったろうな……」

十八　戊辰戦争《ぼしんせんそう》

それからひと月《つき》たち、十二月九日《がつここのか》に、王政復古《おうせいふっこ》の大号令《だいごうれい》が発《はっ》せられた。

それは、岩倉具視《いわくらともみ》が、薩摩《さつま》の西郷《さいごう》や大久保《おおくぼ》と相談《そうだん》して、徳川慶喜《とくがわよしのぶ》につきつけた、きびしいものだった。

——慶喜《よしのぶ》の役職《やくしょく》をすべてとりあげたうえ、徳川家《とくがわけ》のもつ領地《りょうち》をすべて召《め》し上《あ》げる。

慶喜《よしのぶ》は、ぼうぜんとした。

「馬鹿《ばか》な。大政《たいせい》を奉還《ほうかん》すれば、徳川家《とくがわけ》は、そのまま生《い》き残《のこ》れるはずではなかったのか」

かつての徳川幕府《とくがわばくふ》の重臣《じゅうしん》たちは、かんかんに怒《おこ》った。

「どうあっても、朝廷《ちょうてい》は、徳川家《とくがわけ》をつぶしてしまおうというのか」

「これは、公家《くげ》の岩倉《いわくら》と、薩摩《さつま》の西郷《さいごう》らのたくらみだ。もはや、がまんできぬ。薩摩《さつま》をたたきつぶせ」

「徳川《とくがわ》の力《ちから》を、見《み》せつけてやれ」

大坂城《おおさかじょう》で、幕臣《ばくしん》たちにつきあげられ、慶喜《よしのぶ》は、ついに決《き》めた。

「よし、薩摩《さつま》を討《う》つぞ」

慶喜《よしのぶ》は命《めい》じた。

大坂《おおさか》にいた幕府軍《ばくふぐん》と、会津藩《あいづはん》と桑名藩《くわなはん》の兵《へい》、一万五千をひきいて、鳥羽《とば》・伏見《ふしみ》の街道《かいどう》から、京都《きょうと》に向《む》かって、進軍《しんぐん》をはじめた。

「だめだ、だめだ」

海舟《かいしゅう》はそのいくさを止《や》めさせようとした。

「いま、いくさを始《はじ》めれば、薩長《さっちょう》の思《おも》うつぼだ。せっかく、大政奉還《たいせいほうかん》をしたってえのに、みんな、だいなしになるぜ」

しかし、江戸幕府内《えどばくふない》では、海舟《かいしゅう》の意見《いけん》は通《とお》らなかった。

「勝《かつ》。そちは、海軍奉行並《かいぐんぶぎょうなみ》ではないか。いったい、どちらの味方《みかた》なのだ」

「幕府《ばくふ》ではなく、薩摩《さつま》や長州《ちょうしゅう》の味方《みかた》ではないのか」

重臣《じゅうしん》たちは、海舟《かいしゅう》を責《せ》めたてた。

(馬鹿《ばか》なやつらめ。古《ふる》い時代《じだい》にしがみついて、新《あたら》しい時代《じだい》をまったく見《み》ていない)

海舟《かいしゅう》は、腹《はら》を立《た》てて、赤坂《あかさか》の家《いえ》にひきこもった。


「しめた、幕府《ばくふ》のほうから、いくさを始《はじ》めたぞ」

薩摩《さつま》と長州《ちょうしゅう》による東征軍《とうせいぐん》は、わずか五千の兵《へい》だったが、最新式《さいしんしき》の武器《ぶき》と、西洋式《せいようしき》に訓練《くんれん》された兵《へい》だった。

鳥羽伏見《とばふしみ》の戦《たたか》いで、薩長軍《さっちょうぐん》は、一万五千もの幕府軍《ばくふぐん》を、撃《う》ち破《やぶ》った。さらに薩長軍《さっちょうぐん》は、朝廷《ちょうてい》から、決定的《けっていてき》なものを手《て》に入《い》れていた。

それは、「錦《にしき》の御旗《みはた》」だった。

――われらは、帝《みかど》の兵《へい》、官軍《かんぐん》であるが、幕府軍《ばくふぐん》は、帝《みかど》の敵《てき》、朝敵《ちょうてき》であるぞ。

高《たか》くかかげられた錦《にしき》の御旗《みはた》に、会津藩《あいづはん》や桑名藩《くわなはん》などで編成《へんせい》された幕府軍《ばくふぐん》の兵《へい》たちはおどろき、うろたえた。

「なんと、われらは朝敵《ちょうてき》となったのか」

「向《む》こうは、官軍《かんぐん》で、こちらは、朝敵軍《ちょうてきぐん》とは、なんたることだ」

父《ちち》の徳川斉昭《とくがわなりあき》の影響《えいきょう》もあって、これまで「尊王《そんのう》」の思想《しそう》を抱《いだ》いてきた慶喜《よしのぶ》は、こうした事態《じたい》に、がくぜんとなった。

「このわたしが、朝敵《ちょうてき》となるとは。もう、こんないくさはいやだ」

そう思《おも》った慶喜《よしのぶ》は、大坂《おおさか》から軍艦《ぐんかん》に乗《の》って、ひとりで江戸《えど》へもどってしまった。

「馬鹿《ばか》な」

「まだ戦《たたか》いがつづいているのに、総大将《そうだいしょう》の慶喜公《よしのぶこう》がいなくなるとは、なんたることだ」

「慶喜公《よしのぶこう》は、なにを考《かんが》えておられるのか」

幕府軍《ばくふぐん》は戦意《せんい》を失《うしな》い、ちりぢりになってしまった。こうして、数《かず》で勝《まさ》っていたはずの幕《ばく》府軍《ふぐん》は、少《すく》ない数《かず》の官軍《かんぐん》に、さんざんに負《ま》けて、鳥羽伏見《とばふしみ》の戦《たたか》いは終《お》わった。

「そうら、言《い》わんことじゃねえ。だから、やめろって、言《い》ったじゃねえか」

海舟《かいしゅう》は、赤坂《あかさか》の家《いえ》で、つぶやいた。


一月《がつ》十一日《にち》の朝《あさ》、海舟《かいしゅう》のもとへ、江戸城《えどじょう》の慶喜《よしのぶ》から、呼《よ》び出《だ》しが来《き》た。

「なんでえ。おれは、知《し》らねえよ」

海舟《かいしゅう》は知《し》らんぷりをして、いったんは、ことわった。しかし、ふたたび呼《よ》び出《だ》しが来《く》ると、つぶやいた。

「しかたねえな。行《い》くか」

江戸城《えどじょう》では、いくさに負《ま》けた幕臣《ばくしん》たちと、慶喜《よしのぶ》が待《ま》っていた。慶喜《よしのぶ》は、洋服《ようふく》を着《き》ていて、刀《かたな》を力《ちから》なく肩《かた》からかけていた。

(また、おれに官軍《かんぐん》とのあいだに入《はい》って、いくさの調停《ちょうてい》をしてもらいたいとたのむんだろうが、しかし、前《まえ》の長州藩《ちょうしゅうはん》との停戦《ていせん》のようにはいかねえぞ)

慶喜《よしのぶ》が口《くち》をひらかず、だまっているので、海舟《かいしゅう》は、慶喜《よしのぶ》のまわりにいる幕臣《ばくしん》たちに向《む》かって、きつい声《こえ》で言《い》った。

「なんてこった。だから、馬鹿《ばか》ないくさは、やめろって、言《い》ったじゃねえか。もう、こうなってからでは、どうにもならねえよ」

あえて、海舟《かいしゅう》は乱暴《らんぼう》な言《い》い方《かた》をした。すると、幕臣《ばくしん》のひとりが、刀《かたな》に手《て》をかけて、海舟《かいしゅう》に注意《ちゅうい》した。

「勝《かつ》どの、上《うえ》さまの前《まえ》で、無礼《ぶれい》ではないか」

「おう、無礼《ぶれい》だと思《おも》うんなら、おれをたたっ斬《き》れば、いいじゃねえか。おれは、いつだって、覚悟《かくご》はできているぜ」

海舟《かいしゅう》ににらまれ、相手《あいて》は、青《あお》い顔《かお》でうなだれてしまった。

鳥羽伏見《とばふしみ》の戦《たたか》いに勢《いきお》いをえて、江戸《えど》に攻《せ》めてくるであろう官軍《かんぐん》と、まともな話《はな》しあいができるのは、幕臣《ばくしん》のなかでは、勝海舟《かつかいしゅう》ひとりしかいない。そのことが、だれしもわかっていたからだ。

「勝《かつ》、わたしはどうすればよい」

慶喜《よしのぶ》が、重《おも》い口《くち》をひらいた。その表情《ひょうじょう》は沈《しず》んでいて、声《こえ》も暗《くら》かった。

（どうすればいいかって？）

海舟《かいしゅう》は、慶喜《よしのぶ》を見《み》つめた。

「ひとつの道《みち》は、江戸城《えどじょう》にこもって、薩長《さっちょう》の軍《ぐん》と、勇《いさ》ましく戦《たたか》うことでしょう。しかし、いまの幕府《ばくふ》に、勝《か》ち目《め》はないでしょうな。なによりも、相手《あいて》は、錦《にしき》の御旗《みはた》をかかげている官軍《かんぐん》だからです。全国《ぜんこく》の藩《はん》のなかで、朝敵《ちょうてき》になっても、幕府《ばくふ》に味方《みかた》するという藩《はん》が、さて、どれだけいるでしょうか」

海舟《かいしゅう》の言葉《ことば》に、慶喜《よしのぶ》は、にがい顔《かお》で、うつむいた。

「もうひとつの道《みち》は、江戸城《えどじょう》をあけわたして、上《うえ》さまが帝《みかど》にたいして、けっしてさからわぬという、恭順《きょうじゅん》の態度《たいど》をとることでしょう」

「勝《かつ》、降伏《こうふく》せよと言《い》うのか」

幕臣《ばくしん》のひとりが声《こえ》を荒《あら》らげた。

「薩長《さっちょう》に、幕府《ばくふ》がひざを屈《くっ》しろと言《い》うのか」

もうひとりが叫《さけ》んだ。

しかし、海舟《かいしゅう》は、それらの声《こえ》を無視《むし》し、しずかな声《こえ》で、慶喜《よしのぶ》に言《い》った。

「どちらの道《みち》を選《えら》ばれるか、上《うえ》さまのご判断《はんだん》をあおぐことにいたしましょう」

そう言《い》うと、海舟《かいしゅう》は一礼《いちれい》して、その場《ば》を去《さ》った。

（さて、なんとしても戦《たたか》うか、それとも、戦《たたか》わずに降伏《こうふく》するか。慶喜公《よしのぶこう》が、はたして、どちらの道《みち》を選《えら》ぶか。降伏《こうふく》を選《えら》べば、おれに、官軍《かんぐん》とのあいだをとりもってくれと言《い》ってくるだろう……）


それから十日後《とおかご》に、海舟《かいしゅう》は、幕府《ばくふ》の陸軍総裁《りくぐんそうさい》を命《めい》じられた。

（陸軍総裁《りくぐんそうさい》か。たいそうな役目《やくめ》を、おれにくれるとはな）

海舟《かいしゅう》は思《おも》った。

（つまりは、官軍《かんぐん》と交渉《こうしょう》するには、それなりの幕府《ばくふ》の肩書《かたがき》がいると、考《かんが》えたのだろうが……）

十九　江戸無血開城《えどむけつかいじょう》

それから、何度《なんど》か、海舟《かいしゅう》は慶喜《よしのぶ》と話《はな》しあった。

「勝《かつ》。そなたは、ふたつの道《みち》があると申《もう》したな」

「は、言《い》いました」

海舟《かいしゅう》はうなずいた。

「勝《かつ》。ずばり、たずねるぞ。そなたは、わたしにどちらを選《えら》べと、言《い》っているのか？」

慶喜《よしのぶ》の問《と》いに、海舟《かいしゅう》は言《い》った。

「むろん、江戸《えど》が火《ひ》の海《うみ》になるような、そんないくさは、だんじて、するべきではありませぬ。日本《にほん》がふたつに割《わ》れて戦争《せんそう》すれば、外国《がいこく》の思《おも》う通《とお》りになります。あの清国《しんこく》のように、外国《がいこく》の侵略《しんりゃく》をゆるすことになるでしょう」

慶喜《よしのぶ》はゆっくりと首《くび》を振《ふ》った。

「いくさをすれば、わが国《くに》が、外国《がいこく》のえじきになるというのか……」

海舟《かいしゅう》は言《い》った。

「それだけではありませぬ。もしも、官軍《かんぐん》と戦《たたか》えば、勝《か》っても、負《ま》けても、上《うえ》さまは、これから先《さき》ずっと、朝敵《ちょうてき》と言《い》われます。帝《みかど》にさからった将軍《しょうぐん》として、汚名《おめい》を着《き》せられてしまいますが、それでもかまわぬと、上《うえ》さまは思《おも》われるのですか？」

慶喜《よしのぶ》はため息《いき》をついた。

「勝《か》っても、負《ま》けても、朝敵《ちょうてき》の汚名《おめい》か……」

悩《なや》んでいる慶喜《よしのぶ》に、海舟《かいしゅう》は、冷静《れいせい》に、そのことを告《つ》げた。

「されど、鳥羽伏見《とばふしみ》でわかったように、官軍《かんぐん》に勝《か》つことは、容易《ようい》ではありませぬ」

「……ということは、まともに戦《たたか》えば、幕府《ばくふ》は、負《ま》けるというのか、勝《かつ》」

つぶやくような声《こえ》でたずねた慶喜《よしのぶ》に、海舟《かいしゅう》は黙《だま》って、うなずいた。

「そうか……。江戸城《えどじょう》を焼《や》かれたうえに、わたしは朝敵《ちょうてき》とされる、というのだな。それゆえ、わたしが、ここでいさぎよく身《み》をひき、江戸城《えどじょう》をあけわたすべきだと、そう言《い》っているのだな、勝《かつ》」

海舟《かいしゅう》は、ぐっと、のどもとにつき上《あ》げてくるものを、こらえた。

（おそらくは、徳川最後《とくがわさいご》の将軍《しょうぐん》となるであろう慶喜公《よしのぶこう》が、ついに、いくさではなく、平和《へいわ》を望《のぞ》もうとしているのだ……）

海舟《かいしゅう》は、目《め》をうるませて、うなずいた。

「その通《とお》りでございます。賢明《けんめい》な上《うえ》さまなら、その道《みち》を選《えら》ばれるであろうと、勝《かつ》は信《しん》じております……」

慶喜《よしのぶ》は、海舟《かいしゅう》の言葉《ことば》を聞《き》いて、ついに降伏《こうふく》の道《みち》を選《えら》んだ。

――帝《みかど》にさからうことはいたしませぬ。

それを態度《たいど》でしめすために、慶喜《よしのぶ》は、江戸城《えどじょう》を出《で》て、上野寛永寺《うえのかんえいじ》にうつった。

このことにより、抗戦《こうせん》を声高《こわだか》に叫《さけ》んでいた者《もの》たちも、しだいに口《くち》をつぐむようになった。

将軍《しょうぐん》の決《き》めたことに、幕臣《ばくしん》は、おもてだってさからうことはできなかったからだ。

（よし、これで、江戸《えど》は火《ひ》の海《うみ》にならなくてすむかもしれない……）

海舟《かいしゅう》は、慶喜《よしのぶ》が徹底抗戦《てっていこうせん》を選《えら》ばず、おとなしく身《み》をひいてくれたことに、感謝《かんしゃ》の念《ねん》を抱《いだ》いた。これまで、そりのあわなかった慶喜《よしのぶ》だったが、このときはじめて、海舟《かいしゅう》は、慶喜《よしのぶ》を見直《みなお》したのだった。

（あとは、官軍《かんぐん》の出方《でかた》しだいだな）

しかし、官軍《かんぐん》は、あくまでも幕府《ばくふ》を武力《ぶりょく》でたおすことをめざしているのか、江戸城《えどじょう》への総攻撃《そうこうげき》をしようと、東海道《とうかいどう》・中山道《なかせんどう》・甲州街道《こうしゅうかいどう》の三方向《ほうこう》から、江戸《えど》へ向《む》かって、進軍《しんぐん》してきていた。

総督《そうとく》は、有栖川宮熾仁親王《ありすがわのみやたるひとしんのう》であり、参謀《さんぼう》は、西郷吉之助《さいごうきちのすけ》だった。


「勝《かつ》、たのむ。官軍《かんぐん》と、交渉《こうしょう》してくれぬか」

幕府《ばくふ》の重臣《じゅうしん》たちは、西郷《さいごう》と仲《なか》がよいとされている海舟《かいしゅう》に、いくさの調停《ちょうてい》をたのんだ。

（おまえは薩長《さっちょう》の味方《みかた》かと、はげしく、おれをとがめていた者《もの》たちが、こんなときになると、おれに、頭《あたま》をさげてくるとはな）

海舟《かいしゅう》は、重臣《じゅうしん》たちに言《い》った。

「わかりました。それでは、それがしに、交渉《こうしょう》の全権《ぜんけん》をまかされたと、考《かんが》えてもよろしいのですかな」

重臣《じゅうしん》たちは、顔《かお》をしかめながら、うなずいた。

「そうだ、そなたにまかせる」


江戸城《えどじょう》から下《さ》がったあと、海舟《かいしゅう》は考《かんが》えた。

(話《はな》しあいの相手《あいて》が、西郷《さいごう》なら、なんとかなるだろうが、問題《もんだい》は、降伏《こうふく》の条件《じょうけん》だ。それを、どういうものにしたら、受《う》け入《い》れてくれるだろう。慶喜公《よしのぶこう》のとりあつかいや、徳川家《とくがわけ》の存亡《そんぼう》や、戊辰戦争《ぼしんせんそう》をおしすすめた重臣《じゅうしん》たちの処遇《しょぐう》を、どう提案《ていあん》すればいいのだろう……。まずは、向《む》こうの条件《じょうけん》を聞《き》くことにするか)

そうしたことを海舟《かいしゅう》が考《かんが》えているときに、知《し》らせがもたらされた。

――きたる三月十五日《がつにち》に、官軍《かんぐん》が、江戸城《えどじょう》の総攻撃《そうこうげき》をはじめる。

(もはや、ぐずぐずできぬ。慶喜公《よしのぶこう》は、戦《たたか》いを避《さ》けられて、江戸城《えどじょう》から出《で》られ、上野《うえの》で身《み》を謹慎《きんしん》しておられる。そのことを、西郷《さいごう》につたえて、攻撃《こうげき》を止《や》めさせなくてはならぬ)

三月五日《がついつか》、海舟《かいしゅう》のもとに、山岡鉄舟《やまおかてっしゅう》がやって来《き》た。

江戸本所《えどほんじょ》に生《う》まれた鉄舟《てっしゅう》は、幼《おさな》いころから数々《かずかず》の剣術《けんじゅつ》をまなび、幕臣《ばくしん》では、もっとも剣《けん》が立《た》つとされていた。

「勝《かつ》さん。わたしに手伝《てつだ》わせてくれ」

鉄舟《てっしゅう》の言葉《ことば》に、海舟《かいしゅう》はうなずいた。

「では、わたしの手紙《てがみ》を、官軍《かんぐん》の参謀《さんぼう》、西郷吉之助《さいごうきちのすけ》にわたしてほしい」

鉄舟《てっしゅう》を送《おく》り出《だ》したあと、海舟《かいしゅう》は、町火消《まちひけ》しの「を組《ぐみ》」の頭《かしら》である新門辰五郎《しんもんたつごろう》に会《あ》った。

辰五郎《たつごろう》は江戸火消《えどひけ》しのなかで、もっとも人望《じんぼう》のあつい頭《かしら》であり、海舟《かいしゅう》の父《ちち》の小吉《こきち》と、つきあいがあった。

「頭《かしら》、ひとつ、たのみがあるんだ」

海舟《かいしゅう》は言《い》った。

「へい。勝《かつ》さまのお父上《ちちうえ》、小吉先生《こきちせんせい》には、辰五郎《たつごろう》はずいぶんお世話《せわ》になりやした。なんでも、おっしゃってくだせえ」

海舟《かいしゅう》は辰五郎《たつごろう》を見《み》つめて、言《い》った。

「このお江戸《えど》を、火《ひ》の海《うみ》にしてもらいてえんだ」

「えっ」

辰五郎《たつごろう》はおどろいた。

「江戸《えど》を、火《ひ》の海《うみ》に？」

「そうさ」

辰五郎《たつごろう》はつぶやいた。

「けど、あっしらは、火《ひ》を消《け》すことはいつもやっておりやすが、火《ひ》をつけたことはまだ、いっぺんもやったことがありませんぜ」

「そりゃあ、そうさ。火消《ひけ》しが、火《ひ》をつけちゃあ、いけねえよ」

海舟《かいしゅう》は言《い》った。

「けれどな、もしも、官軍《かんぐん》が江戸《えど》を攻撃《こうげき》して来《き》たときには、江戸《えど》に火《ひ》をつけて、迎《むか》え撃《う》たなくちゃ、ならねえんだ」

「へえ……」

「むろん、そんなことは、あってはならねえことだ。そう、ならねえように、おれが官軍《かんぐん》の大将《たいしょう》と話《はなし》をつける。江戸《えど》をなんとか、燃《も》やさなくてもいいように、な。ただ、万《まん》が一《いち》、江戸《えど》の町《まち》に火《ひ》をつけなくちゃならなくなったときには、あらかじめ、ありったけの船《ふね》を川《かわ》に集《あつ》めておいて、避難《ひなん》する者《もの》たちをたすけてやらなくちゃ、ならねえ。夜具《やぐ》もいるし、食《く》い物《もの》も用意《ようい》しなくちゃならねえ。その手配《てはい》も、すべて、頭《かしら》にたのみたい」

辰五郎《たつごろう》は、胸《むね》をたたいた。

「わかりやした。勝《かつ》さまの言《い》われる通《とお》りに、準備《じゅんび》いたしやす。けど、あっしらとしては、江戸《えど》の町《まち》が火《ひ》の海《うみ》になるのは、たまらねえ気《き》がいたしやす」

海舟《かいしゅう》は首《くび》をふった。

「ならねえ、ならねえ。そんなことには、決《けっ》してならねえ。江戸城《えどじょう》が攻《せ》められ、江戸《えど》の町《まち》が火《ひ》につつまれないように、おれが、なんとかする」

鉄舟《てっしゅう》は、駿府《すんぷ》（静岡《しずおか》）まで来《き》ていた官軍《かんぐん》のもとへ向《む》かった。

官軍《かんぐん》の陣営《じんえい》にはいると、兵士《へいし》たちがきびしく見守《みまも》るなか、鉄舟《てっしゅう》は、大《おお》きな声《こえ》で叫《さけ》びながら、歩《ある》いて行《い》った。

「朝敵《ちょうてき》、徳川慶喜《とくがわよしのぶ》、家来《けらい》、山岡鉄太郎《やまおかてつたろう》、まかり通《とお》る」

三月九日《がっここのか》、鉄舟《てっしゅう》は、参謀《さんぼう》の西郷《さいごう》と会《あ》った。そして、海舟《かいしゅう》の手紙《てがみ》を西郷《さいごう》にわたして、決《けっ》して帝《みかど》にはさからわないという慶喜《よしのぶ》の気持《きも》ちをつたえた。

西郷《さいごう》は、幕府《ばくふ》に対《たい》して、五《いつ》つの条件《じょうけん》を提示《ていじ》した。

一　江戸城《えどじょう》をあけわたす。

一　城内《じょうない》の兵《へい》を向島《むこうじま》にうつす。

一　兵器《へいき》をすべて差《さ》し出《だ》す。

一　軍艦《ぐんかん》をすべてわたす。

一　将軍慶喜《しょうぐんよしのぶ》は、備前《びぜん》（岡山《おかやま》）にあずける。

鉄舟《てっしゅう》は、このうち、最後《さいご》の条件《じょうけん》をきっぱりとこばんだ。

「この、われらの将軍慶喜公《しょうぐんよしのぶこう》に関《かん》するものは、だんじて、のめませぬ。もしも備前《びぜん》へ行《い》けば、そこで、腹《はら》を切《き》れと言《い》われるかもしれませぬゆえ」

西郷《さいごう》は目《め》を光《ひか》らせて、鉄舟《てっしゅう》に言《い》った。

「これは、朝命《ちょうめい》でごわすぞ」

すると、鉄舟《てっしゅう》は声《こえ》をふるわせて、言《い》った。

「もしも、島津公《しまづこう》が同《おな》じ立場《たちば》であったなら、西郷《さいごう》どの、あなたはそれがのめますかな?」

西郷《さいごう》は腕組《うでぐ》みし、しばらく沈黙《ちんもく》したあと、ゆっくりとうなずいた。

「わかりもした。慶喜公《よしのぶこう》のお命《いのち》は、おいどんが保証《ほしょう》するでごわす」


江戸《えど》にもどって来《き》た鉄舟《てっしゅう》は、海舟《かいしゅう》に会《あ》った。

「勝《かつ》さん。西郷《さいごう》どのから、文《ふみ》をあずかってきました」

「うむ」

鉄舟《てっしゅう》がわたした文《ふみ》に書《か》かれた降伏条件《こうふくじょうけん》に、海舟《かいしゅう》は目《め》を通《とお》した。

「これは、手《て》も足《あし》も出《で》ない、完全《かんぜん》な降伏《こうふく》ってやつじゃねえか。このまま、そっくりみとめるってわけには、いかねえよ」

鉄舟《てっしゅう》もうなずいた。

「なにより、上野寛永寺《うえのかんえいじ》に謹慎《きんしん》しておられる慶喜公《よしのぶこう》を、備前《びぜん》にあずけるというのは、それがしも、納得《なっとく》できませぬ。このことは、西郷《さいごう》どのにつたえました。西郷《さいごう》どのは、慶喜公《よしのぶこう》の命《いのち》は保証《ほしょう》すると、約束《やくそく》してくださった」

海舟《かいしゅう》はうなずいた。

「よし、おれが西郷《さいごう》に会《あ》おう」

三月《がつ》十三日《にち》。

海舟《かいしゅう》は、江戸《えど》の高輪《たかなわ》にある薩摩屋敷《さつまやしき》に出向《でむ》いた。そのとき官軍《かんぐん》は、すでに品川《しながわ》まで来《き》ていた。

「幕府《ばくふ》の陸軍総裁《りくぐんそうさい》、勝安房守《かつあわのかみ》だ。西郷《さいごう》さんに会《あ》いたい」

薩摩藩邸《さつまはんてい》に行《い》くと、海舟《かいしゅう》は案内《あんない》を乞《こ》うた。

しばらくして、西郷《さいごう》がやって来《き》た。

「勝《かっ》さん、おひさしぶりでごわす」

「おう、西郷《さいごう》さん。大坂《おおさか》で会《あ》って以来《いらい》ですな」

ふたりは、なごやかにあいさつをかわした。

「ところで、勝《かつ》さん。和宮《かずのみや》さまをどうなされるつもりでごわすか」

和宮《かずのみや》は孝明天皇《こうめいてんのう》の妹《いもうと》で、家茂《いえもち》にとついだあと、いまは未亡人《みぼうじん》となって、静寛院宮《せいかんいんのみや》となっていた。

「静寛院宮《せいかんいんのみや》さまは、勝《かつ》が命《いのち》をかけてお守《まも》りいたします」

西郷《さいごう》はうなずいた。

「それで安心《あんしん》しもした」

しかし、このときは、降伏《こうふく》の条件《じょうけん》などについては、ふたりは話《はな》さなかった。正式《せいしき》な会談《かいだん》は、明日《あす》の十四日《か》としたのだ。


十四日《か》。

海舟《かいしゅう》は、田町《たまち》の薩摩藩邸《さつまはんてい》で、西郷《さいごう》と会《あ》った。

「西郷《さいごう》さん。幕府《ばくふ》からの嘆願書《たんがんしょ》を、読《よ》んでもらいたい」

西郷《さいごう》はうなずいた。

「読《よ》ませてもらいもす」

太《ふと》い眉《まゆ》を寄《よ》せて、西郷《さいごう》は、嘆願書《たんがんしょ》に目《め》を通《とお》した。

一　将軍慶喜《しょうぐんよしのぶ》は、備前藩《びぜんはん》ではなく、水戸《みと》（茨城《いばらき》）でつつしむ。
一　城《しろ》はあけわたしたあと、田安家《たやすけ》にあずけてほしい。
一　軍艦《ぐんかん》・武器《ぶき》は、封印《ふういん》をして、いずれは徳川家《とくがわけ》に残《のこ》してもらいたい。
一　幕臣《ばくしん》にたいする死刑《しけい》は、ないようにしてもらいたい。

「む……」

西郷《さいごう》の顔《かお》が、けわしくなった。

官軍《かんぐん》の要求《ようきゅう》したものと、幕府《ばくふ》の嘆願《たんがん》とは、かなりのひらきがあったからだ。このさい、徳川《とくがわ》の力《ちから》を、根《ね》こそぎうばいとろうとする官軍《かんぐん》に対《たい》して、なんとか徳川《とくがわ》の力《ちから》を残《のこ》そうとするものだったのだ。海舟《かいしゅう》は、これがそのまま通《とお》るとは、思《おも》っていなかった。

（さて、西郷《さいごう》はどう答《こた》えるか？）

海舟《かいしゅう》は思《おも》った。

（つきかえすか、それとも……）

しばらく、西郷《さいごう》は口《くち》をひらかなかった。

嘆願書《たんがんしょ》を置《お》いて、西郷《さいごう》は、お茶《ちゃ》をゆっくりと飲《の》んだ。そして、海舟《かいしゅう》に言《い》った。

「勝《かつ》さん、これは、おいどんひとりでは、お答《こた》えできもはん。駿府《すんぷ》におられる総督《そうとく》に相談《そうだん》してきもす。それで決《き》まらなかったら、京都《きょうと》に行《い》ってきもす」

よし、返答《へんとう》ができないというのは、とりあえず、明日《あす》の攻撃《こうげき》はしないということだな。

海舟《かいしゅう》は、それを確《たし》かめるために、西郷《さいごう》にたずねた。

「では、明日《あす》にせまった、江戸《えど》の攻撃《こうげき》は？」

西郷《さいごう》は、ぐっと、うなずいた。

太《ふと》い手《て》をぱんぱんと打《う》って、人《ひと》を呼《よ》ぶと、その場《ば》で、一通《つう》の命令書《めいれいしょ》をしたためて、言《い》いわたした。

「明日《あす》の攻撃《こうげき》は、中止《ちゅうし》する。そう、全軍《ぜんぐん》に伝《つた》えてもんせ」

海舟《かいしゅう》は、ほっとした。

(よかった。江戸《えど》への総攻撃《そうこうげき》が、中止《ちゅうし》されたぞ)

はりつめていた気持《きも》ちから、解《と》き放《はな》たれて、海舟《かいしゅう》は笑《え》みをうかべた。西郷《さいごう》は、よく光《ひか》る大《おお》きな目《め》で、海舟《かいしゅう》を見《み》つめて、言《い》った。

「勝《かつ》さん。しなくてもよか、いくさは、おたがいにしないように、しもんそ」

その飾《かざ》り気《け》のない素朴《そぼく》な言葉《ことば》に、海舟《かいしゅう》は、胸《むね》から熱《あつ》いものがこみあげてくるのを覚《おぼ》えた。

(西郷《さいごう》は、いくさよりも平和《へいわ》を望《のぞ》んでいる。いくさになれば、兵《へい》だけでなく、関係《かんけい》のない、たくさんの人《ひと》が巻《ま》きこまれて、死《し》んでしまう。城《しろ》だけでなく、家々《いえいえ》も焼《や》かれて、人々《ひとびと》は、路頭《ろとう》に迷《まよ》う。そんないくさは、しないですむのなら、しないほうがよい。まったく、その通《とお》りだ……)

「西郷《さいごう》さん、ありがとう」

海舟《かいしゅう》は涙《なみだ》をこぼして、頭《あたま》をさげた。

「ほんとうに、ありがとう。勝《かつ》は、一生《いっしょう》、この日《ひ》のことを忘《わす》れねえよ」

二十　新《あたら》しい時代《じだい》へ

四月《がつ》十一日《にち》。

江戸城《えどじょう》が、ぶじに、あけわたされた。江戸城《えどじょう》で、血《ち》が流《なが》されることなく、江戸《えど》の町《まち》が火《ひ》の海《うみ》につつまれることもなかった。

「もしも、江戸《えど》が攻《せ》められたら、いったい、どうなるのだろう?」

江戸《えど》の人々《ひとびと》が心配《しんぱい》した、官軍《かんぐん》による江戸《えど》の総攻撃《そうこうげき》は、海舟《かいしゅう》と西郷《さいごう》の話《はな》しあいにより、避《さ》けられたのだ。徳川幕府《とくがわばくふ》の都《みやこ》として、三百年《ねん》の文化《ぶんか》をほこった、美《うつく》しい江戸《えど》の町《まち》は、燃《も》やされることなく、人々《ひとびと》の住《す》む家々《いえいえ》は、こわされることなく、平和《へいわ》におさまったのだ。

「よかった」

人々《ひとびと》は、ほうっと胸《むね》をなでおろした。

「勝《かつ》さまのおかげだぜ。江戸《えど》の町《まち》が、いくさ場《ば》にならず、おいらたちが、今《いま》まで通《どお》りに暮《く》らせるようになったんだからな」

辰五郎《たつごろう》は、火消《ひけ》しや町《まち》の者《もの》たちに話《はな》して聞《き》かせた。

慶喜《よしのぶ》は、水戸《みと》へうつされ、江戸城《えどじょう》のあずかり手《て》は、田安家《たやすけ》から尾張徳川家《おわりとくがわけ》にかわり、軍《ぐん》艦《かん》と武器《ぶき》は、いったん官軍《かんぐん》にひきわたしたあと、徳川家《とくがわけ》にかえすことになった。

「勝《かつ》さん、あとは、おたのみもんす」

官軍《かんぐん》の参謀《さんぼう》として、江戸《えど》に入《はい》ってきた西郷《さいごう》は、幕府《ばくふ》の海軍奉行並《かいぐんぶぎょうなみ》ならびに陸軍総裁《りくぐんそうさい》であった海舟《かいしゅう》に、江戸《えど》の治安《ちあん》をまかせた。

江戸無血開城《えどむけつかいじょう》のあと、海舟《かいしゅう》が力《ちから》をつくしたのは、徳川家《とくがわけ》をとりつぶさせることなく、存《そん》続《ぞく》させることだった。

「慶喜公《よしのぶこう》は、賢明《けんめい》にも、全面戦争《ぜんめんせんそう》となるのを避《さ》けて、身《み》をしりぞいてくれた。そのことに、むくわねばならない。もしも、それをしないで、徳川家《とくがわけ》をとりつぶしたりしたら、幕臣《ばくしん》たちが怒《おこ》って、いくさをはじめるだろう。そんなことになってはならない」

海舟《かいしゅう》の努力《どりょく》がみのり、徳川家《とくがわけ》は、駿府《すんぷ》で七十万石《ごく》をあたえられ、幕臣《ばくしん》たちは、慶喜《よしのぶ》とともに、駿府《すんぷ》へ行《い》くことになった。


しかし、江戸無血開城《えどむけつかいじょう》となったものの、幕臣《ばくしん》のなかには、強《つよ》い不満《ふまん》をもつ者《もの》がいて、上《うえ》野《の》の森《もり》で、幕臣《ばくしん》からなる「彰義隊《しょうぎたい》」が反乱《はんらん》を起《お》こした。

だが、長州藩《ちょうしゅうはん》の大村益次郎《おおむらますじろう》のひきいる官軍《かんぐん》に、しずめられた。

さらに、東北《とうほく》の諸藩《しょはん》が、官軍《かんぐん》にあらがって、いくさを起《お》こしたが、敗《やぶ》れた。

そして、海舟《かいしゅう》の部下《ぶか》として、長崎伝習所《ながさきでんしゅうじょ》で学《まな》んだ榎本武揚《えのもとたけあき》が、幕府《ばくふ》の軍艦《ぐんかん》をひきいて、箱館《はこだて》の五稜郭《ごりょうかく》にたてこもって、官軍《かんぐん》と戦《たたか》ったが、降伏《こうふく》した。

ここに、官軍《かんぐん》と幕府軍《ばくふぐん》による、「戊辰戦争《ぼしんせんそう》」は終《お》わりをつげて、江戸《えど》から東京《とうきょう》と、都《みやこ》の名《な》も変《か》わり、新《あたら》しい日本《にほん》の国《くに》づくりがはじまったのだ。


「おれのするべき仕事《しごと》は、終《お》わったな」

そう考《かんが》えた海舟《かいしゅう》は、明治元年《めいじがんねん》（一八六八年《ねん》）の十月《がつ》に、家族《かぞく》とともに、徳川家臣《とくがわかしん》と慶喜《よしのぶ》のいる駿府《すんぷ》へと引《ひ》っ越《こ》した。

しかし、明治政府《めいじせいふ》は海舟《かいしゅう》をほっておかなかった。明治《めいじ》五年《ねん》（一八七二年《ねん》）、海舟《かいしゅう》は、海軍大輔《かいぐんたいふ》に任《にん》じられ、東京《とうきょう》の氷川町《ひかわちょう》に転居《てんきょ》した。あくる六年《ねん》には、参議《さんぎ》と海軍卿《かいぐんきょう》をかねることになった。

「馬鹿《ばか》な……」

海舟《かいしゅう》にとって、つらい出来事《できごと》が起《お》きたのは、明治《めいじ》十年《ねん》（一八七七年《ねん》）だった。鹿児島《かごしま》で、西郷《さいごう》がつくった私学校《しがっこう》の生徒《せいと》たちが、新政府《しんせいふ》への反乱《はんらん》を起《お》こした。この反乱《はんらん》に乗《じょう》じた鹿児島《かごしま》の士族《しぞく》たちに、西郷《さいごう》は、大将《たいしょう》としてかつぎだされ、「西南《せいなん》の役《えき》」と呼《よ》ばれるいくさがはじまったのだ。

西郷《さいごう》ひきいる士族軍《しぞくぐん》は、これまで西郷《さいごう》が育《そだ》てて来《き》た新政府軍《しんせいふぐん》と戦《たたか》うはめになり、九州各《きゅうしゅうかく》地《ち》で敗《やぶ》れ、ついには故郷《こきょう》の城山《しろやま》で、西郷《さいごう》は自決《じけつ》した。

「西郷《さいごう》……。おめえは、情《じょう》にもろいやつだからな。未熟《みじゅく》な教《おし》え子《ご》たちをかばって、なにも言《い》わずに、死《し》んでいきやがったのか……」

海舟《かいしゅう》は、ながいあいだの盟友《めいゆう》（親《した》しい友《とも》）ともいうべき西郷隆盛《さいごうたかもり》の死《し》に涙《なみだ》して、歌《うた》を詠《よ》んだ。

――ぬれぎぬを　干《ほ》そうともせず　子供《こども》らが　なすがまにまに　果《は》てし君《きみ》かな

（ほんとうは犯《おか》してもいない罪《つみ》を晴《は》らそうともせず、育《そだ》てた生徒《せいと》たちにかつぎだされて、死《し》んでしまった君《きみ》、西郷《さいごう》よ）

それから、年月《ねんげつ》が流《なが》れた。

榎本武揚《えのもとたけあき》をたずねたり、西郷隆盛《さいごうたかもり》の名誉回復《めいよかいふく》につとめたり、日々《ひび》を過《す》ごすうちに、明治《めいじ》二十年《ねん》（一八八七年《ねん》）、海舟《かいしゅう》は、六十五歳《さい》で、伯爵《はくしゃく》となった。

そして、明治《めいじ》二十五年《ねん》（一八九二年《ねん》）。

駿府《すんぷ》の慶喜《よしのぶ》が、ぜひに話《はなし》があると言《い》って、海舟《かいしゅう》を呼《よ》んだ。

「上《うえ》さま、いかなるお話《はなし》でございましょう」

海舟《かいしゅう》がたずねると、慶喜《よしのぶ》は言《い》った。

「勝《かつ》よ、わたしの息子《むすこ》、精《くわし》を、そなたの養子《ようし》にしてくれぬか」

徳川家《とくがわけ》のお子《こ》を？

海舟《かいしゅう》は、一瞬《いっしゅん》、考《かんが》えたあと、うなずいた。

「はい。上《うえ》さまのお子《こ》を、わが家《いえ》の養子《ようし》とさせていただくとは、勝《かつ》、まことに、うれしいかぎりでございます」

「そうか。わが願《ねが》いを聞《き》き入《い》れてくれるか」

慶喜《よしのぶ》はよろこんで、言《い》った。

「勝《かつ》、わたしは、昔《むかし》、そなたが憎《にく》くてたまらなかった。なぜ、幕臣《ばくしん》のくせに、薩長《さっちょう》の肩《かた》をもつのかと、腹《はら》が立《た》ってならなかった……」

ふうと息《いき》をついて、慶喜《よしのぶ》は言《い》った。

「しかし、そなたの言《い》うことを聞《き》いてよかったと、いまはつくづく思《おも》う。そなたは、あのころから、新《あたら》しい時代《じだい》を見通《みとお》していたのだな」

こうして、慶喜《よしのぶ》のたのみにより、海舟《かいしゅう》は、慶喜《よしのぶ》の十番《ばん》めの子《こ》である精《くわし》を、勝伯爵家《かつはくしゃくけ》にむかえいれて、養子《ようし》とした。

「もとはといえば、四十石《こく》の貧乏御家人《びんぼうごけにん》の家《いえ》だぜ。そんな家《いえ》に、徳川将軍《とくがわしょうぐん》の子《こ》が、養子《ようし》に来《く》るとはな」

海舟《かいしゅう》は、妻《つま》のお民《たみ》に、笑《わら》いながら言《い》った。

「そうですねえ、勝家《かつけ》も、いつのまにか、りっぱな家《いえ》になったのですねえ。でも、わたしは、あなたとふたりきりで、貧乏暮《びんぼうぐ》らしをしていたころが、なつかしい」

お民《たみ》はしみじみと言《い》った。


明治《めいじ》三十二年《ねん》(一八九九年《ねん》)。一月《がつ》十九日《にち》。

「海軍歴史《かいぐんれきし》」や「開国起原《かいこくきげん》」など、多《おお》くの書物《しょもつ》をしるしてきた勝海舟《かつかいしゅう》は、氷川町《ひかわちょう》の家《いえ》でたおれた。

「あなた、しっかりしてください」

「父上《ちちうえ》、父上《ちちうえ》……」

お民《たみ》や子供《こども》たちにかこまれ、目《め》をとじた海舟《かいしゅう》の胸《むね》のなかを、さまざまな思《おも》いがよぎっていった。

父《ちち》の小吉《こきち》が肩車《かたぐるま》をして、浅草《あさくさ》の祭《まつ》りのなかを走《はし》っていったこと。正月《しょうがつ》の餅《もち》を、大川《おおかわ》に投《な》げこんだこと。江戸城《えどじょう》の西《にし》の丸《まる》で、初之丞《はつのじょう》とともに学《まな》んだこと。犬《いぬ》に噛《か》まれて、生死《せいし》の境《さかい》をさまよったこと。小吉《こきち》が水垢離《みずごり》をした冷《つめ》たい体《からだ》で、添《そ》い寝《ね》してくれたこと。島田道場《しまだどうじょう》で剣《けん》を修行《しゅぎょう》し、王子権現《おうじごんげん》で夜《よ》げいこにはげんだこと。座禅修行《ざぜんしゅぎょう》をして、蘭学《らんがく》をけんめいに学《まな》んだこと。塾《じゅく》をたちあげ、長崎《ながさき》の海軍伝習所《かいぐんでんしゅうじょ》へ行《い》き、咸臨丸《かんりんまる》で、嵐《あらし》の海《うみ》を乗《の》り切《き》り、島津《しまづ》斉彬《なりあきら》に会《あ》い、さらには、太平洋《たいへいよう》の荒波《あらなみ》をかいくぐって、アメリカにわたっていったこと。神戸《こうべ》の海軍操練所《かいぐんそうれんじょ》で若者《わかもの》たちを育《そだ》てたこと。錦《にしき》の御旗《みはた》をかかげた官軍《かんぐん》と、守《まも》る幕府軍《ばくふぐん》との間《あいだ》に立《た》ち、生《う》まれ育《そだ》った江戸《えど》の町《まち》を、火《ひ》の海《うみ》からすくったこと……。

そして、父《ちち》の勝小吉《かつこきち》、弟子《でし》の坂本龍馬《さかもとりょうま》、将軍《しょうぐん》の徳川家茂《とくがわいえもち》、盟友《めいゆう》の西郷隆盛《さいごうたかもり》ら、いまはこの世《よ》にいない者《もの》たちのなつかしい顔《かお》……。

それらが、たまゆらの夢《ゆめ》のように、海舟《かいしゅう》の胸《むね》のうちを過《す》ぎて行《い》った。

(いろんなことが、あったな……)

海舟《かいしゅう》は、ゆっくりと息《いき》を吸《す》い、息《いき》を吐《は》いた。

そして、ひとことつぶやいた。

「これで、おしまい」

それが、七十七歳《さい》の勝海舟《かつかいしゅう》がこの世《よ》に残《のこ》した、最後《さいご》の言葉《ことば》だった。

完

勝海舟《かつかいしゅう》　年表《ねんぴょう》

※年齢《ねんれい》は数《かぞ》え年《どし》です

西暦《せいれき》〔元号《げんごう》〕（年《ねん》）	年齢《ねんれい》	海舟《かいしゅう》の歴史《れきし》	日本《にっぽん》のできごと
一八二三〔文政《ぶんせい》六〕	1	二月《がつ》十一日《にち》、江戸本所《えどほんじょ》の亀沢町《かめざわちょう》（現在《げんざい》の墨田区両国《すみだくりょうごく》）にて生《う》まれる。	
一八二九〔文政《ぶんせい》十二〕	7	初之丞《はつのじょう》（十二代将軍《だいしょうぐん》・徳川家慶《とくがわいえよし》の五男《ごなん》）の小姓《こしょう》として、江戸城《えどじょう》に上《あ》がる。	
一八三一〔天保《てんぽう》二〕	9	江戸城《えどじょう》から下《さ》がり、家《いえ》に戻《もど》る。犬《いぬ》に噛《か》まれて、生死《せいし》の境《さかい》をさまよう。	
一八三八〔天保《てんぽう》九〕	16	島田虎之助《しまだとらのすけ》の内弟子《うちでし》となり、剣術《けんじゅつ》のけいこに励《はげ》む。父《ちち》・小吉《こきち》が隠居《いんきょ》し、勝家《かつけ》のあとを継《つ》ぐ。	一橋慶昌《ひとつばしよしまさ》（初之丞《はつのじょう》）が病死《びょうし》。
一八四三〔天保《てんぽう》十四〕	21	島田虎之介《しまだとらのすけ》より、免許皆伝《めんきょかいでん》を受《う》ける。	
一八四四〔天保《てんぽう》十五、弘化元《こうかがん》〕	22	佐久間象山《さくましょうざん》をたずねる。	
一八四五〔弘化《こうか》二〕	23	永井青崖《ながいせいがい》のもとで、本格的《ほんかくてき》に蘭学《らんがく》を学《まな》びはじめる。お民《たみ》と結婚《けっこん》する。	
一八四八〔弘化《こうか》五、嘉永《かえい》元〕	26	蘭和辞典《らんわじてん》「ズーフ・ハルマ」の写本《しゃほん》を二組《ふたくみ》、完成《かんせい》させる。	
一八五〇〔嘉永《かえい》三〕	28	私塾《しじゅく》をひらき、蘭学《らんがく》と兵学《へいがく》を教《おし》える。	
一八五三〔嘉永《かえい》六〕	31	幕府《ばくふ》に「海防意見書《かいぼういけんしょ》」を提出《ていしゅつ》する。	ペリーが黒船《くろふね》四隻《せき》を率《ひき》いて、浦賀《うらが》に来航《らいこう》。
一八五四〔嘉永《かえい》七、安政元《あんせいがん》〕	32		「日米和親条約《にちべいわしんじょうやく》」が結《むす》ばれる。
一八五五〔安政《あんせい》二〕	33	長崎海軍伝習生《ながさきかいぐんでんしゅうせい》となる。	

一八五七［安政《あんせい》四］	35	咸臨丸《かんりんまる》で訓練《くんれん》に明《あ》け暮《く》れる。	
一八五八［安政《あんせい》五］	36	咸臨丸《かんりんまる》で九州《きゅうしゅう》の各地《かくち》をまわり、薩摩藩主《さつまはんしゅ》・島津斉彬《しまづなりあきら》に会《あ》う。	「日米通商修好条約《にちべいつうしょうしゅうこうじょうやく》」が結《むす》ばれる。 「安政《あんせい》の大獄《たいごく》」がはじまる。
一八五九［安政《あんせい》六］	37	軍艦操練所《ぐんかんそうれんじょ》の教授方頭取《きょうじゅかたとうどり》を命《めい》じられる。	
一八六〇［安政《あんせい》七、万延元《まんえんがん》］	38	咸臨丸《かんりんまる》で、サンフランシスコへ。	「桜田門外《さくらだもんがい》の変《へん》」で井伊直弼《いいなおすけ》が暗殺《あんさつ》される。
一八六二［文久《ぶんきゅう》二］	40	軍艦操練所頭取《ぐんかんそうれんじょとうどり》となり、軍艦奉行並《ぐんかんぶぎょうなみ》になる。	
一八六四［文久《ぶんきゅう》四、元治元《げんじがん》］	42	軍艦奉行《ぐんかんぶぎょう》となる。 神戸《こうべ》海軍操練所《かいぐんそうれんじょ》開設《かいせつ》。 西郷吉之助《さいごうきちのすけ》（後《のち》の隆盛《たかもり》）に会《あ》う。 すべての役職《やくしょく》をやめさせられる。	「禁門《きんもん》の変《へん》」（蛤御門《はまぐりごもん》の変《へん》）が起《お》きる。
一八六六［慶応《けいおう》二］	44	ふたたび軍艦奉行《ぐんかんぶぎょう》を命《めい》じられる。	「薩長連合《さっちょうれんごう》」が成立《せいりつ》する。
一八六七［慶応《けいおう》三］	45		「大政奉還《たいせいほうかん》」が成立《せいりつ》する。 坂本龍馬《さかもとりょうま》が暗殺《あんさつ》される。 「王政復古《おうせいふっこ》の大号令《だいごうれい》」が出《だ》される。
一八六八［慶応《けいおう》四、明治元《めいじがん》］	46	海軍奉行並《かいぐんぶぎょうなみ》、陸軍総裁《りくぐんそうさい》となる。 西郷吉之助《さいごうきちのすけ》と面会《めんかい》し、江戸《えど》無血開城《むけつかいじょう》のために力《ちから》をつくす。	戊辰戦争《ぼしんせんそう》がはじまる。
一八八七［明治《めいじ》二十］	65	伯爵《はくしゃく》となる。	
一八九九［明治《めいじ》三十二］	77	一月《がつ》、死去《しきょ》。	

参考文献

『氷川清話』勝海舟著／江藤淳・松浦玲編（講談社学術文庫）
『海舟語録』勝海舟著／江藤淳・松浦玲編（講談社学術文庫）
『氷川清話　夢酔独言』勝海舟・勝小吉著／川崎宏編（中公クラシックス）
『勝海舟のすべて』小西四郎編（新人物往来社）

編集協力…………………… ㈱J's　publishing

企画・編集……………… 石川順恵　中川美津帆　甲田秀昭

装丁……………………… 荻窪裕司

口絵CGイラスト ……… 成瀬京司

口絵写真協力…………… 長崎市観光政策課

校正……………………… ㈱鷗来堂

DTP …………………… ㈱東海創芸

新《しん》・歴史人物伝《れきしじんぶつでん》

勝《かつ》 海舟《かいしゅう》

2018年7月12日　初版発行

著　小沢章友《おざわあきとも》

絵　田伊《たい》りょうき

発行者　井上弘治

発行所　**駒草出版**　株式会社ダンク出版事業部

〒110-0016

東京都台東区台東1-7-1　邦洋秋葉原ビル２階

TEL 03-3834-9087

FAX 03-3834-4508

http://www.komakusa-pub.jp

印刷・製本　シナノ印刷株式会社

落丁・乱丁本はお取り替えいたします。定価はカバーに表記してあります。

ISBN978-4-909646-01-9　N.D.C.289　188ｐ　18cm